Caíque Cardoso

Orientação a Objetos na Prática
Aprendendo Orientação a Objetos com Java

Caíque Cardoso

Orientação a Objetos na Prática
Aprendendo Orientação a Objetos com Java

Orientação a Objetos na Prática – Aprendendo Orientação a Objetos com Java
Copyright© 2006 Editora Ciência Moderna Ltda.

Todos os direitos para a língua portuguesa reservados pela EDITORA CIÊNCIA MODERNA LTDA.

Nenhuma parte deste livro poderá ser reproduzida, transmitida e gravada, por qualquer meio eletrônico, mecânico, por fotocópia e outros, sem a prévia autorização, por escrito, da Editora.

Editor: Paulo André P. Marques
Capa: Raul Rangel
Diagramação: Patricia Seabra
Revisão de Provas: Camila Cabete Machado
Assistente Editorial: Daniele Machado de Oliveira

Várias **Marcas Registradas** aparecem no decorrer deste livro. Mais do que simplesmente listar esses nomes e informar quem possui seus direitos de exploração, ou ainda imprimir os logotipos das mesmas, o editor declara estar utilizando tais nomes apenas para fins editoriais, em benefício exclusivo do dono da Marca Registrada, sem intenção de infringir as regras de sua utilização.

FICHA CATALOGRÁFICA

Cardoso, Caíque
Orientação a Objetos na Prática – Aprendendo Orientação a Objetos com Java
Rio de Janeiro: Editora Ciência Moderna Ltda., 2006.

Informática; desenvolvimento de programas
I — Título

ISBN: 85-7393-538-3   CDD 001642

Editora Ciência Moderna Ltda.
Rua Alice Figueiredo, 46 – Riachuelo
CEP: 20950-150– Rio de Janeiro, RJ – Brasil
Tel: (21) 2201-6662
Fax: (21) 2201-6896
E-mail: lcm@lcm.com.br
www.lcm.com.br

"Ay hombres que luchan un día, e son buenos
Ay otros que luchan un año, y son mejores
Ay quines luchan muchos años, y son muy buenos
Pero ay los que luchan toda la vida,
Esos son los imprescindibles"
Bertold Brecht

Dedico este livro aos meus pais Jair e Marilda.
Que lutaram e continuam lutando por toda a vida.

Prefácio

No capítulo 1 é feita uma apresentação do livro e de como você pode aproveitar ao máximo as informações e aprender a "projetar" orientado a objetos (OO). Leia este capítulo com atenção. Depois de tantos anos ensinando orientação a objetos convivi com a grande dificuldade que os estudantes têm para aprender OO. Convido você a percorrer comigo esta viagem cheia de aventuras e perigos. Para com isso, não é nada disso. Esse não é um livro de ficção. Convido você a praticar OO e permitir que este conhecimento amplie os horizontes da sua vida profissional. Agora sim, ficou melhor assim.

Este livro é para praticar, então no capítulo 2 serão apresentadas algumas ferramentas (todas gratuitas) para você utilizar e desenvolver seu projeto. No site www.kiq.com.br/oonapratica tem alguns tutoriais sobre ferramentas, inclusive para você poder instalar as ferramentas.

No capítulo 3 começamos apresentado um projeto em Java, porém sem usar orientação a objetos. O projeto é simples, a intenção é avaliarmos a estrutura do projeto. Você poderá consultar todos os dados deste e dos outros projetos e ter acesso a código-fonte, arquitetura e soluções adotadas no site www.kiq.com.br/oonapratica.

No capítulo 4 iniciamos a divisão de responsabilidades do projeto iniciando a nossa caminhada a orientação a objetos. Vamos criar as primeiras classes e analisaremos as classes estáticas e dinâmicas.

No capítulo 5 são apresentados os relacionamentos entre as classes. E vamos mergulhar um pouco mais em OO e conhecer alguns detalhes como atributos públicos e privados e resolver um exercício juntos.

No capitulo 6 utilizaremos um padrão muito poderoso. O MVC ou Modelo, Visual e Controle. Este padrão vai facilitar muito o desenvolvimento de outros projetos no futuro.

No capítulo 7 veremos o relacionamento mais forte chamado de herança e como isso vai influenciar na distribuição de responsabilidades. Iremos também analisar as características de visibilidade nas classes.

No capítulo 8 vamos analisar o que são classes abstratas, interface e polimorfismo e como essas características de OO nos ajudam no desenvolvimento do projeto orientado a objetos.

No capítulo 9 estudamos o relacionamento de um objeto com muitos objetos, muito comum em projetos reais. Vamos para isso desenvolver a solução para outros problemas.

No capítulo 10 vamos analisar conceitos e práticas relacionado a desenvolvimento de software. Padronização de código, teste e refactoring, o que é e como pode aumentar a qualidade do código que você desenvolve.

No capítulo 11 vamos concluir o estudo apresentando dicas sobre projeto orientado a objetos e a poder de OO no desenvolvimento de soluções.

No capítulo 12 são apresentados alguns design patterns (padrões de projeto) simples para você começar a conhecê-los e uma indicação de como você pode aprofundar no desenvolvimento orientado a objetos.

No final você terá uma lista de outros livros, sites e artigos para complementar o seu estudo.

É isso aí. Bom estudo, boa leitura e que você possa dominar esta tecnologia que, a cada dia, vem sendo mais utilizada. Espero que você possa cumprir essa jornada de conhecimento.

Aperte os cintos. Respire fundo porque lá vamos nós.

Mais uma vez te desejo bons estudos.

Caíque Cardoso

Sumário

Sumário

Capítulo 1 – Introdução 3
    1.1 Como Aproveitar o Livro 3
    1.2 Afinal o que São Objetos e Classes? 4
    1.3 Características de Classes 5
    1.4 Representação Gráfica de Classes 6
    1.5 Um Pouco de História 6

Capítulo 2 – Ambiente e Ferramentas 11
    2.1 Ambiente de Programação 11
    2.2 Ferramenta de Desenvolvimento 12
    2.3 Jude 12

Capítulo 3 – Projeto não Orientado a Objeto em Java 17
    3.1 Os Projetos 17
    3.2 Características do Primeiro Projeto – a Calculadora 17
    3.3 O Código em Detalhes 18
        3.3.1 Imports 18
        3.3.2 Declarando a Classe 18
        3.3.3 A Função (Método) Principal – main 19
        3.3.4 Os Métodos Auxiliares 19
        3.3.5 O Código Interno ao Método Main 21

3.3.6 O Código Completo 24
3.4 Como Representar este Projeto Graficamente ? 28
3.5 Analisando o Projeto – Prós e Contras 29
3.6 Criando o Projeto no Eclipse..31

Capítulo 4 – Responsabilidades – Iniciando a Orientação a Objetos 37

4.1 Responsabilidades..37
4.2 Classes Estáticas (Querendo Dizer Métodos ou Atributos Estáticos).......41
4.3 Classes Dinâmicas (Querendo Dizer Objetos Dinâmicos)......42
4.4 Classes Estáticas Versus Classes Dinâmicas. Quando Usar?................47

Capítulo 5 – Relacionamentos 51

5.1 Dependência..51
5.2 Associação...53
5.3 Dividindo Ainda mais as Responsabilidades..........................54
5.4 Público e Privado, o que isso Implica? 59
5.5 Quando Devem Estar no Diagrama de Classes
   a Dependência e Associação? 59
5.6 Exercício Resolvido..60

Capítulo 6 – Utilizando um Padrão Simples e Muito Útil
   – o Padrão Modelo-Visual-Controle (MVC).................................67

6.1 Analisando o Problema 67
6.2 Pacote 74

Capítulo 7 – Herança 79

7.1 Analisando a Parte Modelo da Calculadora 79
7.2 Construtores...83
7.3 Um Outro Exemplo...85

Capítulo 8 – Classes Abstratas, Interface e Polimorfismo 93

    8.1 Classes Abstratas 93
    8.2 Interfaces 95
    8.3 Polimorfismo 97
        8.3.1 Polimorfismo Dinâmico 97
        8.3.2 Polimorfismo Estático 101

Capítulo 9 – Associando Vários Objetos 105

    9.1 Como Fazer Quando Tenho Muitos Objetos? 105
    9.2 Características do Segundo Projeto – a Loja 106
    9.3 A Visão Dinâmica dos Objetos 112
    9.4 Diagrama de Atividades 113
    9.5 Diagrama de Seqüência 114
    9.6 Exercício Resolvido 115

Capítulo 10 – Qualidade em Software 123

    10.1 Falando um Pouco sobre Qualidade em Software 123
    10.2 Por que Padronizar o Código? 124
    10.3 Convenções de Código 125
        10.3.1 Convenções de Nome 125
        10.3.2 Práticas de Programação 128
        10.3.3 Arquivos 129
        10.3.4 Endentação 130
        10.3.5 Comentários 132
    10.4 Testando as Classes Desenvolvidas 133
    10.5 O JUnit 134
    10.6 Refactoring 138

Capítulo 11 – Projeto Orientado a Objetos 141

Capítulo 12 – Padrões de Projeto – os Próximos Passos... 149

    12.1 O que São Padrões de Projeto (Design Patterns)? 149

    12.2 Alguns Exemplos de Padrões de Projeto..............................150

        12.2.1 Façade...150

        12.2.2 Factory Method..152

        12.2.3 Adapter 154

        12.2.4 Composite 156

        12.2.5 Singleton..160

        12.2.6 Observer..162

        12.2.7 Template Method 164

        12.2.8 State 167

Bibliografia..173

Capítulo 1

Capítulo 1

Introdução

1.1 Como Aproveitar o Livro

Se você nunca teve contato com orientação a objetos (ou teve mas não aprendeu o suficiente) e quer ou precisa aprender as técnicas esse livro é para você.

Este livro pretende apresentar de uma forma clara e prática as características da orientação a objetos, vamos praticar OO (como também é conhecida a orientação a objetos). Como a característica prática é fundamental na condução do aprendizado teremos que utilizar alguma linguagem de programação. Vamos nos basear em Java por ser totalmente orientada a objetos, popular e com muitas ferramentas gratuitas, ou seja, você vai poder praticar no computador da escola, no computador da sua casa. É importante dizer que se você quer aprender Java esse não é o livro, vamos usar Java para entendermos Orientação a Objetos mas não estudar a linguagem em si. É necessário conhecer Java para entender o livro? Não, porém é importante que você conheça alguma linguagem "procedural" como C, Pascal ou qualquer outra. Os projetos são simples mas é importante conhecer algoritmos. Enfim, acho que se você já possui uma base de computação não será difícil.

A técnica de orientação a objetos é apresentada de forma linear capítulo a capítulo. É importante você acompanhar os capítulos e estudar a evolução dos projetos, a cada capítulo vamos alterar os projetos e mostrar quais as vantagens de cada técnica utilizada.

Porque Java? De novo a prática. É importante que você compile e debug os códigos, execute os programas, enfim veja na prática os benefícios da OO acontecendo e em Java podemos fazer isso sem custo. Isso quer dizer que todas as ferramentas necessárias são de código livre e você pode e deve instalar em seu computador para estudar. Para cada versão do projeto em cada capítulo o código fonte esta disponível no site www.kiq.com.br/oonapratica . Isso é bom, você não precisa digitar, e é ruim, porque você não precisa digitar. Sacou? Digitar o código vai te ajudar a entender a lógica. Tente fazer o seu projeto. Use o código como orientação mas a prática é importante, tente construir a sua versão do projeto, mude mensagens, faça seus comentários, enfim pratique. Se algo estiver muito difícil use o código pronto, mas só em último caso.

Se você se sentir tentado a pular um capítulo e não desenvolver o projeto, faça pelo menos um estudo detalhado do capítulo e na próxima versão do projeto atualize o que você não fez no capítulo anterior.

1.2 Afinal o que São Objetos e Classes?

Todo mundo que estuda orientação a objetos aprende que existem objetos e classes, mas afinal de contas qual a definição destas coisas para um programa? A mesma que você já tem no seu dia a dia. Você está lendo um livro, certo? É um objeto para você, correto? Muito bem, estamos indo bem. Você se relaciona com este objeto, afinal de contas você está lendo o livro. Uma página do livro é um objeto, certo? Quantas páginas tem esse livro? Quantas páginas tem um livro qualquer? Difícil de responder; pode ser qualquer valor, mas uma coisa é clara; um livro possui páginas, ou seja, um livro é um objeto composto por outros objetos, ou seja, as páginas. Um livro possui certas características, certo? Título, autor, editora, ano de publicação, número de páginas, etc. Uma página também possui características, como tamanho, número, língua em que foi escrita, capítulo que pertence, etc. Então podemos dizer que objetos tem características comuns, certo? Se isso é verdade podemos classificá-los (colocá-los em classes).

Quando você ouve a palavra livro, vem a sua mente um livro genérico, uma imagem, um conceito. Esse conceito não existe no mundo real, só na sua mente. Usamos esse conceito para nos comunicar. Só nós (pelo menos por enquanto) somos capazes no mundo de ter esse conceito e utiliza-lo para expressar idéias ou para nos comunicar. A esse conceito de livro chamamos de classe, uma classificação.

Esta classe pode definir qualquer livro, porém ao colocarmos o título (Orientação a Objetos), o autor (Caíque Cardoso), etc. Definimos um objeto. Objetos existem no mundo real (este livro que esta na sua mão é um objeto, parece óbvio e é), classe é uma abstração mental que usamos para pensar, classificamos objetos com características semelhantes. Tudo o que vale para objetos e classificação de objetos do mundo real, vale também para software orientado a objetos. De vez em quando vou usar esse exemplo de livro (classe) e o que está em suas mãos (objeto) para auxiliar na compreensão do código.

Dê uma olhada em volta, você verá vários objetos(não verá nenhuma classe), mas poderá classificá-los, é isso aí, o mundo é orientado a objetos, eu heim?!!

1.3 Características de Classes

Em desenvolvimento de software orientado a objetos a classe é definida como tendo atributos e métodos. Os atributos são as características dos objetos que fazem parte da classe, por exemplo, um atributo da classe livro é título, ou seja, todo livro tem um título, ou o número de páginas, ou ainda o autor, a editora, o preço e por aí vai. Os atributos normalmente são substantivos, pois representam características. Os métodos são as funções, os serviços, os procedimentos etc, que o objeto fará. Por exemplo, a classe livro além dos atributos pode nos oferecer o serviço de ser lido. Nós, objeto da classe leitor, podemos executar o método ler em um objeto da classe livro. Não é exatamente um serviço prestado pelo livro, mas podemos aproximar. Os métodos normalmente são verbos, pois representam uma ação. Podemos pensar em outros objetos e classes. Outro exemplo pode ser um grampeador, que pode realizar o serviço de grampear; uma tesoura que pode realizar o serviço de cortar etc.

1.4 Representação Gráfica de Classes

Para melhor compreender a classe, foi criada uma forma gráfica de representá-la, a figura 1.1 a seguir mostra a representação gráfica de uma classe chamada livro.

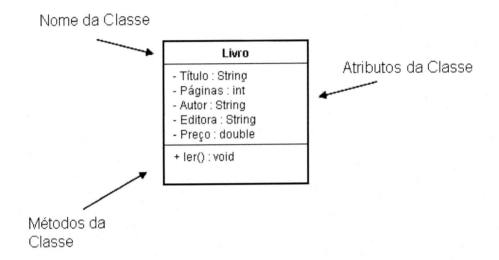

Figura 1.1 – Representação gráfica de uma classe

Esta representação facilita a compreensão das características da classe. Os métodos, algumas vezes, são também chamados de operações. Para efeitos de padronização utilizaremos sempre a palavra método. Vamos sempre desenhar a classe como mostrado na figura 1.1. Este padrão está definido na Unified Modeling Language (UML). Veja o meu livro UML na Prática – Do Problema ao Sistema, para você conhecer mais sobre UML.

1.5 Um Pouco de História

Depois de quase 20 anos trabalhando em projetos Orientado a Objetos e ensinando OO, percebi que as pessoas que nunca tiveram contato com essa técnica têm muita dificuldade de aprendê-la. Por que usar; como começar; e onde usar OO são questões comuns aos iniciantes. Via pessoas aprendendo com sofrimento sem saber como eu poderia facilitar o aprendizado, mas muitas pessoas conseguiram. Algumas vezes era possível "ouvir" o cérebro "trincando" quando alguém entendia algum conceito OO, e dizia:

"Ahh!! Então quer dizer que aquilo é isso, então eu posso também fazer assim. Só agora caiu a ficha."

Por que é tão difícil? Por que tanto sofrimento? Alguns inclusive desistem. Outros programam com linguagens que são Orientadas a Objeto sem utilizar essa capacidade, inclusive em Java. E muitas das linguagens mais usadas são orientadas a objetos ou possuem algumas características como Java, C#, C++ e ainda linguagens para web como PHP.

A resposta é simples, porém a solução um pouco complexa. Não há milagres. Orientação a Objetos é um raciocínio abstrato, só existe no nosso pensamento até que colocamos em prática, é uma forma muito diferente de projetar. Não tem jeito, só na prática, com paciência e dedicação.

Decidi escrever este livro para orientar estudantes iniciantes em OO nessa caminhada prática. Projetos simples, comparações, evoluções, mais comparações e assim, passo a passo vamos construindo uma nova forma de raciocínio; o raciocínio orientado a objetos.

Ei, você está ouvindo? Fique em silêncio! Ouviu agora? Posso ouvir daqui. O seu cérebro está começando a trincar. Isso é bom sinal.

Capítulo 2

Capítulo 2

Ambiente e Ferramentas

Existe um grande número de ferramentas disponíveis para desenvolvimento em Java e muitas são gratuitas. A menos que você já trabalhe com alguma ferramenta não gratuita, eu sugiro que utilize uma dessas que serão apresentadas. Infelizmente, ou não, todas são em inglês, c'est la vie, ou melhor, it is the life. A ferramenta de modelagem é uma ferramenta UML onde usaremos o diagrama de classe e alguma coisa a mais. É muito importante que você tenha uma ferramenta instalada já no início do livro para poder compreender os exemplos e desenvolver os exercícios. Visite o site www.kiq.com.br/oonapratica para obter um tutorial sobre a instalação e o uso das ferramentas.

2.1 Ambiente de Programação

Inicialmente será necessário instalar o kit de desenvolvimento Java ou Java Development Kit JDK. Quando este livro foi escrito a última versão era a cinco, mais conhecido como Java 5 e o site era: http://java.sun.com. Existem versões para vários sistemas operacionais e a instalação é bastante simples.

2.2 Ferramenta de Desenvolvimento

Como ferramenta de desenvolvimento a minha sugestão é o Eclipse, quando este livro foi escrito a última versão era a 3.1 ou Eclipse 3.1 e o site era http://www.eclipse.org. O Eclipse é uma ferramenta muito boa, profissional. Você vai precisar de uma máquina legal para rodá-lo. Se não der tente outra ferramenta. Você pode escolher utilizar outra, isso não vai interferir no aprendizado. A figura 2.1 mostra a janela do Eclipse 3.1 configurada para desenvolvimento em Java. No site www.kiq.com.br/oonapratica tem um tutorial do Eclipse.

Figura 2.1 – A ferramenta Eclipse 3.1

2.3 Jude

Como ferramenta para desenhar os diagramas a minha sugestão é a gratuita do Jude que na época em que o livro foi escrito tinha uma versão gratuita em http://jude.change-vision.com/jude-web/product/community.html.

Os diagramas que aparecem no livro foram desenhados utilizando o Jude. Mas cuidado, uma vez gerado o código, a versão gratuita não faz engenharia reversa, ou seja, se você gerar o código e escrever algo no arquivo fonte e pedir para o Jude gerar novamente o código, ele sobrescreverá o que você havia feito. A figura 2.2 a seguir mostra a janela do Jude. No site www.kiq.com.br/oonapratica tem um tutorial do Jude.

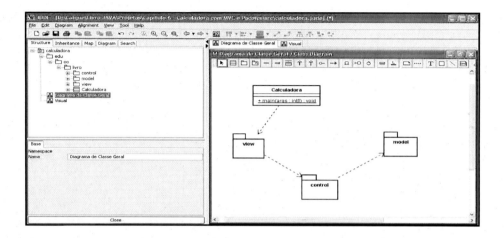

Figura 2.2 – A ferramenta Jude

Capítulo 3

Capítulo 3

Projeto não Orientado a Objeto em Java

3.1 Os Projetos

Vamos desenvolver alguns projetos ao longo do livro, projetos simples, mas que permitam a compreensão das características de Orientação a Objetos, lembre-se que você vai estudar na prática, por isso precisa praticar. Algumas vezes precisaremos conhecer um pouco de Java. Não se preocupe; tudo que for necessário será explicado. Se você quiser saber mais sobre Java, no final tem um conjunto de livros e sites para que você possa aprofundar mais. Vamos "usar" Java como base para o aprendizado, se você souber bem Orientação a Objetos conhecer uma linguagem orientada a objetos será uma questão de tempo.

3.2 Características do Primeiro Projeto – a Calculadora

A calculadora que vamos desenvolver é muito simples. Precisa fazer simplesmente as quatro operações básicas: soma, subtração, divisão e multiplicação, fácil não é? Vamos primeiro estudar um código pronto que apesar de ter sido desenvolvido em Java, não é orientado a objetos, ou seja, é só procedural, existem funções que executam determinadas ações. O programa pergunta o primeiro número, o segundo número, a operação que se deseja executar e finalmente apresenta o cálculo.

3.3 O Código em Detalhes

Em primeiro lugar vamos analisar cada parte do código, porque iremos modificar a modelagem ao longo de alguns capítulos desse livro, porém muito pouco do código será alterado, então é importante conhecermos em detalhes. Se você tiver alguma dificuldade com a linguagem Java, verifique a lista de bibliografia no final deste livro. Só faremos análise detalhada de código quando isso for estritamente necessário para a compreensão do que necessitaremos em Orientação a Objetos.

3.3.1 Imports

A linguagem Java contém pacotes com classes prontas (código já escrito, uma biblioteca) para serem utilizadas, vamos precisar ler do teclado e escrever no monitor, então vamos precisar **importar** algumas destas classes. Estas classes vêm em pacotes (veremos pacotes mais adiante). A forma de importar é a seguinte:

```
import java.io.BufferedReader;
import java.io.IOException;
import java.io.InputStreamReader;
```

3.3.2 Declarando a Classe

Não vimos ainda o que é classe, porém em Java todo o código deve estar dentro de uma classe. Sendo assim precisamos declarar uma, isso é feito utilizando a palavra **class**. A seguir é mostrado como fica a declaração. A parte interna da classe deve ficar entre chaves, da mesma forma que em C/C++.

```
public class Calculadora {
  // Parte intena da classe
}
```

O porquê da declaração **public** veremos mais a frente. Note que após a palavra **class** temos o nome da classe que deve sempre iniciar com letra maiúscula.

3.3.3 A Função (Método) Principal – *main*

Assim como na linguagem C/C++, em Java temos um método **main** onde o programa inicia, a declaração deste método(vamos chamar função de método para diferenciar linguagem estruturada de linguagem orientada a objetos) é mostrada a seguir.

```
public static void main(String[] args) throws IOException {
}
```

Os métodos em Java, assim como as funções em C/C++ iniciam e terminam com chaves. Como já disse, **public** veremos mais adiante e **static** também. A palavra reservada void indica que este método não retornará um valor. A palavra **main**, como já dissemos, é o nome do método principal. Os argumentos que podem ser digitados na linha de comando são passados através de um vetor de strings chamado args, ou seja, String[] args. **String** é uma classe de Java que permite manipular caracteres, palavras ou frases inteiras. Finalmente **throws** IOException faz parte do tratamento de exceção que existe em Java e que está totalmente fora do escopo deste livro, mas que é necessário para, neste caso, manipularmos dados de entrada de saída. No tópico 3.3.5 vamos detalhar o conteúdo do método **main**.

3.3.4 Os Métodos Auxiliares

Em Java não existem algumas classes (de novo falando de classe sem definir corretamente, mas é só pura definição, não se preocupe que a explicação vem logo, logo) que permitem a leitura de uma String do teclado. Essa string é montada com todos os caracteres até digitar-se <*Enter*>. Não vamos entender o funcionamento, por hora basta saber o que é.

A listagem a seguir mostra um método que permite ler a string do teclado, ele retorna a string lida.

```
static String cin() throws IOException {
   InputStreamReader in = new InputStreamReader(System.in);
   BufferedReader br = new BufferedReader(in);

   String str = br.readLine();
   return str;
}
```

Vamos precisar de valores no formato **double** (dupla precisão se comparado com float), então o método a seguir utiliza o método cin para retornar um valor double. Note que o método faz um teste com os caracteres para se certificar que são todos válidos para número.

```
static double cind() throws IOException {
   String str = cin();
   double d = 0;
   int i=0;
   while(i < str.length()){
   if((str.charAt(i) >= '0' && str.charAt(i) <= '9')
||         str.charAt(i) == '.' ||
          str.charAt(i) == '-'){i++;continue;}
      else return d;
   }
   d = Double.parseDouble(str);
   return d;
}
```

O método cind utiliza o método cin para ler uma string, em seguida verifica cada caractere da string. Se um caractere não definido for digitado será retornado o valor zero. Isto pode ser melhorado, pois o tratamento de exceção do Java no método parseDouble faz este trabalho, mas vamos nos concentrar na orientação a objetos, Java é uma outra história.

Precisaremos também de ler um caractere do teclado. A seguir o método para realizar esta tarefa.

```
static char cinch() throws IOException {
   String str = cin();
   char ch = 'e';
   if(str.length() >= 1)
      ch = str.charAt(0);
   return ch;
}
```

O método cinch também utiliza o método cin para ler uma string e seleciona o primeiro caractere da string.

Para escrever na tela foram criados dois métodos, o primeiro, cout, escreve e mantém o cursor na mesma linha; o segundo, coutln, escreve e passa o cursor para a linha seguinte.

```
static void cout(String str) {
    System.out.print(str);
}
static void coutln(String str) {
    System.out.println(str);
}
```

Eu poderia ter escolhido qualquer nome para os métodos auxiliares. Aliás, fica aqui a sugestão que você utilize outros nomes na hora de digitar. A intenção foi utilizar o nome dos métodos semelhantes a cin e cout utilizados em C++ para facilitar a compreensão de que já tenha utilizado cin e cout anteriormente.

3.3.5 O Código Interno ao Método Main

Vamos tratar o código por partes.

```
        coutln("Calculadora sem OO");
        char ch = ' ';
```

Este trecho apresenta o nome do projeto e cria a variável ch iniciada com espaço em branco.

```
while(true){
    cout("Para sair digite S ou s: ");

    ch = cinch();
if(ch == 'S' || ch == 's')break;
```

Neste trecho inicia-se o *looping* do programa. Em primeiro lugar é usado o **while** para verificar se o usuário deseja sair, digitando s minúsculo ou S maiúsculo. O valor **true** significa que este *looping* é infinito. Dentro do *looping* é passado uma mensagem para sair. Em seguida o valor é lido. Se for s ou S é dado um **break** e o *looping* é interrompido.

```
cout("Digite o Primeiro Número: ");
double d1 = cind();

cout("Digite o Segundo Número: ");
double d2 = cind();

cout("Escolha a Operação + - * / -> ");
char op = cinch();
```

Caso o usuário digite algum caracter diferente de s ou S (Enter por exemplo) será pedido os dois números (d1 e d2) e a opção escolhida que será armazenada em op. Pode parecer estranho para quem desenvolve em linguagens procedurais, mas em linguagens orientadas a objetos as variáveis podem ser criadas a qualquer momento no código.

O trecho a seguir é o restante do *looping*. Uma vez tendo os valores, é criada uma string para a mensagem de resposta (com o nome msg e iniciada com "Inválido") e uma variável double para armazenar a conta feita (com o nome de dResultado e iniciada com zero).

```
String msg = "Inválido";

double dResultado = 0;
```

Depois disso é usada a instrução **switch** para avaliar qual o valor de op, ou seja, qual opção foi escolhida pelo usuário e então é executada a operação correspondente. Para divisão é avaliado se o segundo número é diferente de zero.

```
switch(op){
   case '+':
      dResultado = d1+d2;
      msg = "A soma é:";
   break;
   case '-':
      dResultado = d1-d2;
      msg = "A subtração é:";
   break;
   case '*':
      dResultado = d1*d2;
      msg = "A multiplicação é:";
   break;
   case '/':
      if(d2 != 0){
         dResultado = d1/d2;
         msg = "A divisão é:";
      }
      else{
         dResultado = 999999999.999999999;
         msg = "Erro de divisão por zero";
      }
   break;
   default:
      msg = "Operação não Implementada...";
   break;
}
```

Feita a operação é apresentado o resultado da mensagem com o valor calculado. A classe string permite este tipo de operação.

```
coutln(msg+" "+dResultado);
```

E para finalizar o programa é apresentada uma mensagem de encerramento.

```
        coutln("Encerrado.");
    }
```

Veja a seguir o resultado de algumas operações com a nossa calculadora.

```
Calculadora sem OO
Para sair digite S ou s:
Digite o Primeiro Número: 123
Digite o Segundo Número: 12
Escolha a Operação + - * / -> /
A divisão é: 10.25
Para sair digite S ou s:
Digite o Primeiro Número: 456
Digite o Segundo Número: 23
Escolha a Operação + - * / -> /
A divisão é: 19.82608695652174
Para sair digite S ou s: s
Encerrado.
```

3.3.6 O Código Completo

Aqui esta o código completo. O resultado desta calculadora para o usuário será o mesmo sempre, ou seja, não será possível para o usuário da nossa calculadora verificar se o projeto é orientado a objetos ou não, a menos no título do programa, neste caso "Calculadora sem OO". Digite este código para exercitar, vamos nos basear nele e alterá-lo para compreendermos os "segredos" da orientação a objetos. Para executar você deverá conhecer a ferramenta que está utilizando. Tenha uma boa viagem.

```java
import java.io.BufferedReader;
import java.io.IOException;
import java.io.InputStreamReader;

public class Calculadora {


    public static void main(String[] args) throws IOException {
         coutln("Calculadora sem OO");

         char ch = ' ';

         while(true){
             cout("Para sair digite S ou s: ");

             ch = cinch();
      if(ch == 'S' || ch == 's')break;

      cout("Digite o Primeiro Número: ");
        double d1 = cind();

        cout("Digite o Segundo Número: ");
        double d2 = cind();

        cout("Escolha a Operação + - * / -> ");
        char op = cinch();

   String msg = "Inválido";

   double dResultado = 0;


   switch(op){
      case '+':
         dResultado = d1+d2;
         msg = "A soma é:";
      break;
      case '-':
         dResultado = d1-d2;
         msg = "A subtração é:";
```

```
            break;
         case '*':
            dResultado = d1*d2;
            msg = "A multiplicação é:";
         break;
         case '/':
            if(d2 != 0){
               dResultado = d1/d2;
               msg = "A divisão é:";
            }
            else{
               dResultado = 999999999.999999999;
               msg = "Erro de divisão por zero";
            }
         break;
         default:
            msg = "Operação não Implementada...";
         break;
         }

         coutln(msg+" "+dResultado);
            }

         coutln("Encerrado.");
         }

static void cout(String str) {
    System.out.print(str);
}

  static void coutln(String str) {
    System.out.println(str);
  }

  static String cin() throws IOException {
    InputStreamReader in = new InputStreamReader(System.in);
    BufferedReader br = new BufferedReader(in);

    String str = br.readLine();
    return str;
  }
```

```java
static double cind() throws IOException {
  String str = cin();
  double d = 0;
  int i=0;
  while(i < str.length()){
    if((str.charAt(i) >= '0' && str.charAt(i) <= '9')
||         str.charAt(i) == '.' ||
         str.charAt(i) == '-'){i++;continue;}
    else return d;
  }
  d = Double.parseDouble(str);
  return d;
}

static char cinch() throws IOException {
  String str = cin();
  char ch = 'e';
  if(str.length() >= 1)
     ch = str.charAt(0);
  return ch;
}

}
```

Se você deseja compreender em detalhes estes métodos e tratamento de exceções, consulte um dos livros sobre Java citados ou faça uma pesquisa na web. Tem muita coisa boa (e algumas não tão boas) sobre Java.

Se você está familiarizado com C++ e já utilizou cin e cout vai entender as funções criadas para ler do teclado e escrever na tela. A estrutura do programa é muito semelhante a um projeto em C(a menos no uso de "cin" e "cout", para os quais foram criados métodos especiais).

3.4 Como Representar este Projeto Graficamente ?

Uma grande vantagem de Orientação a Objetos é apresentar os projetos graficamente. Na realidade nós criamos uma classe só chamada Calculadora com alguns métodos, ou seja, nosso diagrama terá uma só classe.

A figura 3.1 abaixo mostra o diagrama do nosso projeto. Possui somente a única classe que faz tudo o que é necessário fazer.

A figura a seguir é a representação adotada pela UML para classe, veremos mais detalhes ao longo do livro e para saber mais sobre UML veja o meu livro UML na Prática – Do Problema ao Sistema.

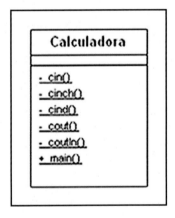

Figura 3.1 – Diagrama com a única classe do projeto

Podemos também representar o comportamento dinâmico deste sistema através de um fluxograma (que com algumas características a mais é utilizado na UML com o nome de diagrama de atividades). A figura 3.2 mostra o diagrama de atividades da nossa calculadora.

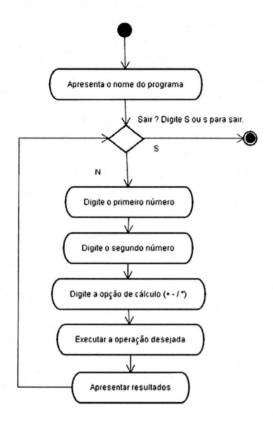

Figura 3.2 – Diagrama de Atividades
(neste caso também um fluxograma) do projeto

3.5 Analisando o Projeto – Pós e Contras

Este projeto simples e que funciona resolve bem o problema de uma calculadora com quatro operações, mas quem precisa desenvolver uma calculadora de 4 operações? Esta calculadora tem aproximadamente 100 linhas de código. O que seria de um programa 100 vezes maior, por exemplo, 10.000 (dez) mil linhas de código? Como seria a compreensão deste sistema? As mudanças seriam fáceis ou difíceis? Em projetos pequenos, para sistemas embarcados como equipamentos que utilizam C/C++ esta é a forma de desenvolver.

Porém, dá para notar que um projeto maior que envolva vários serviços seria muito complicado de programar e principalmente de muito mais difícil de manter utilizando esta forma como fizemos a nossa calculadora. Esse primeiro projeto tem em torno de 100 linhas, imagine um projeto com 100000 ou 1 milhão de linhas.

Há algum tempo já se sabe que é mais difícil manter um sistema do que desenvolvê-lo, sistemas mudam, empresas mudam, tecnologia muda, enfim tudo muda e muito rápido. Foi por essas e outras que as linguagens Orientadas a Objeto ganharam terreno, elas não resolvem tudo, mas permitem desenvolver projetos mais fáceis de manter e evoluir. Gostaria de fazer uma análise do uso da memória do computador. Não vamos entrar em detalhes técnicos de memória, mas do comportamento do programa em relação ao uso da memória. A intenção é:

Podemos dizer que o programa ao ser carregado utilizará um valor fixo de memória. Todo o código e as variáveis criadas serão alocadas de uma só vez e, ao término do programa, esse espaço de memória será retornado ao controle do Sistema Operacional. Mas o que isso tem a ver com o nosso programa? Vamos lá. O nosso programa é pequeno, certo? Mas e no caso de um programa com as dez mil linhas que falamos antes? Aconteceria a mesma coisa: o programa alocaria a valor total de memória necessária. Vamos supor que queremos usar a calculadora para fazer somente uma soma. Precisamos ter na memória os códigos de subtração, divisão e multiplicação? Não, é claro que não. Essa é uma outra característica de Orientação a Objetos que analisaremos. **Só consumir o que for necessário, assim podemos aproveitar melhor recursos disponíveis.** Parece discurso de ecologista, mas vale também para desenvolvimento de software. A figura a seguir mostra o nosso programa da calculadora todo na memória do computador, assim que ele foi carregado.

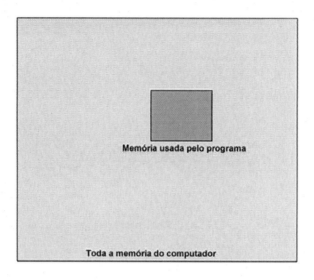

Figura 3.3 – Uso da memória do computador pelo programa

Então vamos mudar a nossa calculadora, vamos orientá-la a objetos e ver quais são as diferenças.

3.6 Criando o Projeto no Eclipse

Para criar um novo projeto selecione o menu File -> New -> Project.. Dê um nome para o projeto, por exemplo, Calculadora1 ou Minha Calculadora. Uma vez criado o projeto criaremos uma classe chamada Calculadora. A figura a seguir mostra como criar uma nova classe na ferramenta Eclipse. Depois de criado o projeto, selecione o menu File -> New -> Class e aparecerá a janela para a criação de classe como o exemplo da figura a seguir.

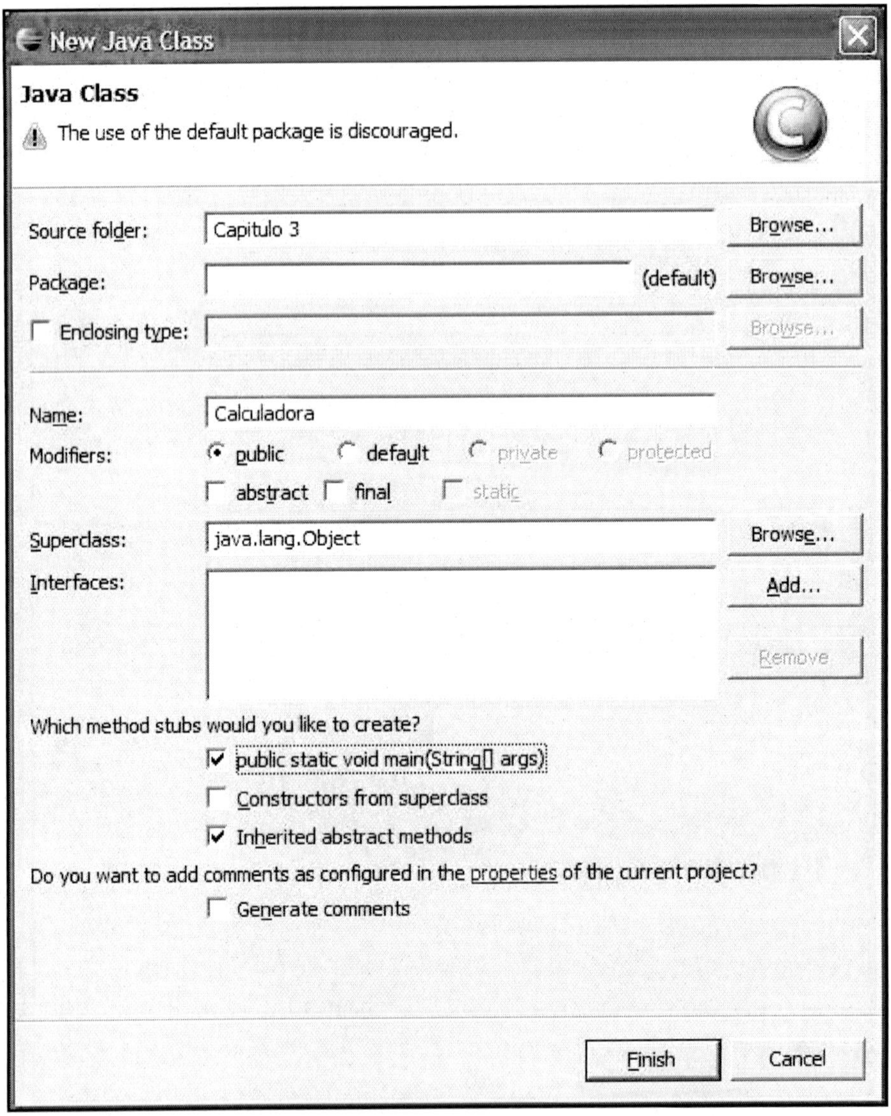

Figura 3.4 – Criando a classe Calculadora no Eclipse

Note que o eclipse criará o código básico da classe como mostrado a seguir.

```java
public class Calculadora {

    /**
     * @param args
     */
    public static void main(String[] args) {
        // TODO Auto-generated method stub
    }
}
```

Agora você pode digitar o código da calculadora, vamos lá, mão na massa.

Capítulo 4

Capítulo 4

Responsabilidades – Iniciando a Orientação a Objetos

4.1 Responsabilidades

Em primeiro lugar analisaremos o código da calculadora. Temos um método main e outros métodos que permitem ler do teclado e escrever na tela. Escrever na tela e ler do teclado tem alguma coisa a ver com fazer cálculos? Não, fazem a entrada e saída de informações do programa, ou seja, nossa calculadora está com muitas responsabilidades. No capítulo 1 falamos de classes e objetos. Quando dizemos "calculadora" imaginamos uma classe de objetos que permite fazer contas, é isso que vem na nossa mente. Entrada e saída de dados podem ser utilizados por qualquer programa e não só para a calculadora, então vamos separar estas responsabilidades. Vamos criar a classe EntradaSaida que terá os métodos de entrada e saída do programa. Por que fazer isso? Uma das grandes forças do uso da Orientação a Objetos é a possibilidade de distribuir responsabilidades. Quem faz o quê. Você como projetista deve olhar para o problema e definir, quem fará o quê. Sem orientação a objetos você também pode fazer isso, mas utilizando OO(você tem que fazer isso). Outra coisa, se fizermos uma classe que faz entrada e saída podemos aproveitá-la em outros projetos. Reaproveitamento de código é outra força de Orientação a Objetos. A figura 4.1 a seguir mostra o diagrama com as duas classes que criamos, veja que agora os métodos estão em duas classes diferentes.

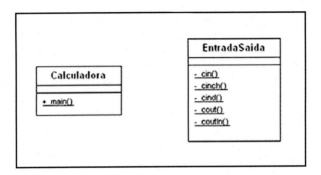

Figura 4.1 – Diagrama com duas classes

A seguir o código da nova classe Calculadora.

```
import java.io.IOException;

public class Calculadora {

    public static void main(String[] args) throws IOException {

        EntradaSaida.coutln("Calculadora com 2 classes estáticas.");

        char ch = ' ';

        String msg = "";

        while(true){
        EntradaSaida.cout("Para sair digite S ou s: ");

            ch = EntradaSaida.cinch();
    if(ch == 'S' || ch == 's')break;

        EntradaSaida.cout("Digite o Primeiro Número: ");
            double d1 = EntradaSaida.cind();

        EntradaSaida.cout("Digite o Segundo Número: ");
            double d2 = EntradaSaida.cind();
```

```
            EntradaSaida.cout("Escolha a Operação + - * /
-> ");
            char op = EntradaSaida.cinch();

            double dResultado = 0;
         switch(op){
           case '+':
               dResultado = d1+d2;
               msg = "A soma é:";
           break;
           case '-':
               dResultado = d1-d2;
               msg = "A subtração é:";
           break;
           case '*':
               dResultado = d1*d2;
               msg = "A multiplicação é:";
           break;
           case '/':
               if(d2 != 0){
                  dResultado = d1/d2;
                  msg = "A divisão é:";
                }
               else{
                  dResultado = 999999999.999999999;
                  msg = "Erro de divisão por zero";
                }
           break;
           default:
               msg = "Operação não Implementada...";
           break;
         }

         EntradaSaida.coutln(msg+" "+dResultado);

         }

         EntradaSaida.coutln("Encerrado.");
    }

}
```

Veja que os métodos cout, coutln, cin, cind e cinch agora são chamadas utilizando o nome da classe EntradaSaida. O que isso significa? Passamos a responsabilidade de entrada e saída dos dados do programa para uma outra classe dedicada a isso. No mais, o código é o mesmo.

A seguir o código da classe EntradaSaida.

```java
import java.io.BufferedReader;
import java.io.IOException;
import java.io.InputStreamReader;
public class EntradaSaida {
    static void cout(String str) {
        System.out.print(str);
    }
    static void coutln(String str) {
        System.out.println(str);
    }
    static String cin() throws IOException {
      InputStreamReader in = new InputStreamReader(System.in);
   BufferedReader br = new BufferedReader(in);
   String str = br.readLine();
        return str;
    }
   static double cind() throws IOException {
   String str = cin();
        double d = 0;
   int i=0;
   while(i < str.length()){
   if((str.charAt(i) >= '0' && str.charAt(i) <= '9') ||
   str.charAt(i) == '.' || str.charAt(i) == '-')
   {i++;continue;}
   else return d;
   }
        d = Double.parseDouble(str);
        return d;
```

Capítulo 4 – Responsabilidades – Iniciando a Orientação a Objetos | 41

```
        }
    static char cinch() throws IOException {
    String str = cin();
    char ch = 'e';
            if(str.length() >= 1)
                    ch = str.charAt(0);
            return ch;
        }
}
```

O código é o mesmo anterior, só colocamos em uma outra classe. Veja que todos os métodos são estáticos. O que isso quer dizer? Analisaremos em detalhes no tópico seguinte.

4.2 Classes Estáticas (Querendo Dizer Métodos ou Atributos Estáticos)

Se você observar atentamente verá que sempre que criamos os métodos até agora usamos a palavra static antes do nome do método, isso tem a ver com o que falamos a respeito do consumo de memória.

Quando declaramos static queremos dizer que os métodos ou atributos estáticos da classe são criados na memória diretamente quando executamos o programa. Desta forma para acessarmos a classe usamos o nome da classe seguido de um ponto (".") e o nome do método que queremos chamar. A figura 4.2 mostra uma ilustração do uso da memória com as duas classes estáticas. Não mudou muito em relação ao consumo de memória se compararmos com a primeira versão, a menos que o código foi dividido em dois espaços de memória. Neste exemplo não é a classe que é estática e sim os métodos da classe. Porém se todos os métodos são estáticos podemos dizer que a classe é estática. Quando você fez um programa em C você fez um programa estático, isso significa que todo o código foi para a memória. A questão é a seguinte: necessitaremos de tudo ao mesmo tempo? Você está estudando orientação a objetos com este livro. Você o leva para todos os lugares ou guarda em algum lugar e utiliza somente quando vai estudar? E o seu relógio? Você usa relógio eu presumo, se não usa pense em algo parecido ou observe alguém que usa.

E celular? Você está sempre com o seu celular? Veja que não ficamos o tempo todo vendo as horas, mas estamos sempre de relógio no pulso. O mesmo acontece com o celular. Podemos usar o exemplo do relógio de pulso ou do celular como classes estáticas. Estão sempre ocupando um espaço no braço ou no bolso ou bolsa porque é conveniente que seja assim. Nós definimos se deve ou não ser estático. Porém nem todos os objetos precisam estar conosco o tempo todo. Se existem classes estáticas devem existir classes dinâmicas (ou melhor, objetos dinâmicos), no próximo tópico veremos mais sobre classes dinâmicas e em seguida faremos uma comparação entre elas.

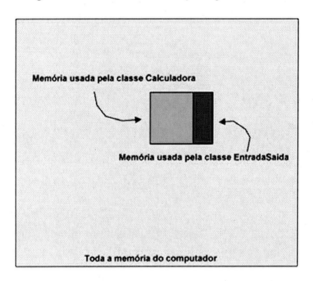

Figura 4.2 – Uso da memória do computador pelo programa com duas classes (ilustrativo)

4.3 Classes Dinâmicas (Querendo Dizer Objetos Dinâmicos)

Falamos anteriormente de classes estáticas. As classes estáticas são armazenadas na memória no momento de execução do programa. Já os objetos dinâmicos são definidos por classes dinâmicas (não estáticas, ou seja, não usam a palavra static nos métodos). Os objetos não existem a princípio, devem ser criados. Para se criar objetos tanto em Java como em C++ usamos a palavra reservada **new**[1]. Na maioria das vezes os objetos devem ser criados (usa-se a palavra instanciado ao invés de criado) para que possam ser utilizados, ou seja, estes objetos não existem inicialmente. Para facilitar a compreensão vamos alterar novamente o projeto da calculadora. Veja que o método main lê os valores de entrada e depois executa as operações. Um conceito a respeito de classe diz que:

> "Uma classe deve ser responsável em fazer uma só coisa e fazê-la bem."

Sendo assim podemos dizer que a nossa classe calculadora está com mais de uma atribuição. Podemos criar uma nova classe chamada, por exemplo, Operações onde teremos um método chamado calcular responsável pelo cálculo das operações e que passaremos os valores de qual operação será executada e os números.

Vamos ver como fica o código. Não vou mostrar mais a classe EntradaSaida porque essa não muda, por enquanto. Primeiro a classe Calculadora

```
import java.io.IOException;

public class Calculadora {

    public static void main(String[] args) throws IOException {

        EntradaSaida.coutln("Calculadora com 3 classes");

        char ch = ' ';

        while(true){
```

---

[1] Em C++ o objeto criado com **new** deve ser destruído com o comando **delete**, Em Java existe um coletor de lixo (garbage collector) que é responsável por destruir os objetos criados na memória, portando não é necessário destruir o objeto.

```
            EntradaSaida.cout("Para sair digite S ou s:
");

            ch = EntradaSaida.cinch();
    if(ch == 'S' || ch == 's')break;

    EntradaSaida.cout("Digite o Primeiro Número: ");
    double d1 = EntradaSaida.cind();

    EntradaSaida.cout("Digite o Segundo Número: ");
    double d2 = EntradaSaida.cind();

    EntradaSaida.cout("Escolha a Operacoes + - * / ->
");
    char op = EntradaSaida.cinch();

        Operacoes oper = new Operacoes();
    String msg = oper.calcular(op, d1, d2);

    EntradaSaida.coutln(msg);
    }

    EntradaSaida.coutln("Encerrado.");
    }
}
```

Observe o código em negrito. Primeiro foi criada uma referência à classe Operações chamado **oper** e depois foi criado (instanciado) um objeto da classe Operações utilizando **new**. Isto quer dizer que agora temos um objeto da classe Operações que podemos utilizar. Ele foi criado na memória no momento do new. Mais abaixo o objeto é utilizado, mais precisamente o método calcular é chamado passando os valores numéricos e a variável op com a opção escolhida. Vejamos agora o código da classe Operações.

Capítulo 4 – Responsabilidades – Iniciando a Orientação a Objetos | 45

```java
public class Operacoes {

   public String calcular(char op, double d1, double d2){
         String msg = "Inválido";
       double dResultado = 0;
      switch(op){
      case '+':
      dResultado = d1+d2;
      msg = "A soma é:";
      break;

      case '-':
      dResultado = d1-d2;
      msg = "A subtração é:";
      break;

      case '*':
      dResultado = d1*d2;
      msg = "A multiplicação é:";
      break;
      case '/':
      if(d2 != 0){
         dResultado = d1/d2;
            msg = "A divisão é:";
      }
      else{
         dResultado = 999999999.999999999;
         msg = "Erro de divisão por zero";
         }
      break;

      default:
      msg = "Operacoes não Implementada...";
      break;
         }
      return (msg+" "+dResultado);
      }
}
```

É equivalente ao trecho de código retirado da outra classe. É uma classe que só possui um método chamado calcular.

A figura a seguir mostra o diagrama com as classes. Este diagrama é chamado de diagrama de classes e é um dos diagramas da UML. Ele está incompleto, mas vamos continuar trabalhando.

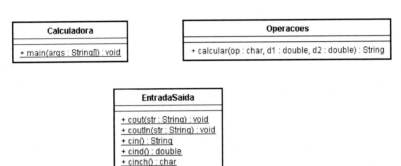

Figura 4.3 – Diagrama com três classes

Veja que as responsabilidades estão sendo distribuídas entre classes mais especializadas para a solução do problema, isso é Orientação a Objetos. Veja como fica com relação à memória na figura a seguir.

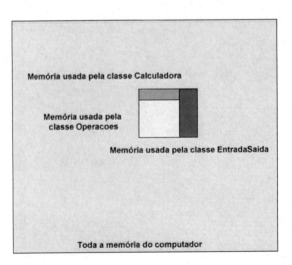

Figura 4.4 – Utilização de memória com 3 classes

Na realidade dividimos, mas não mudou muito porque assim que inicia o método main criamos o objeto da classe Operações mas vamos mudar isso logo, utilizando melhor os recursos.

4.4 Classes Estáticas Versus Classes Dinâmicas. Quando Usar?

Continuando o paralelo de objetos reais, podemos identificar a necessidade de objetos estáticos e objetos dinâmicos? Podemos. Por exemplo, a maioria das pessoas utiliza relógio de pulso o dia todo (de novo o relógio de pulso, que falta de criatividade), porém não fica verificando as horas o tempo todo. O seja, compensa "pagar o preço" de saber as horas a qualquer momento tendo um relógio preso ao pulso. Então podemos dizer que o relacionamento da pessoa com o relógio é estático, o preço a pagar é o espaço que o objeto ocupa, porém tem-se o benefício de saber as horas a qualquer momento. Outros exemplos de objetos estáticos que utilizamos são: celular, carteira de identidade (RG), documentos, talão de cheques, cartão de crédito, chaves etc. São objetos que carregamos conosco para utilizá-los sempre que necessário.

Por outro lado existem objetos que eventualmente lançamos mão, não estamos sempre com eles, ficam armazenados em algum lugar e são "carregados" quando necessário "pegamos de novo" (olha a palavra novo/new aí), por exemplo: alicate, talheres, lâmpada, livros etc. Veja que isso pode mudar de pessoa para pessoa, algumas podem ter sempre a mão um alicate porque no trabalho necessitam desta ferramenta, ou seja, se uso sempre, então é melhor ter comigo.

Essa é a resposta, para o meu projeto uma ou mais classes necessitarão sempre dos serviços de uma determinada classe? Se sim, então os métodos sempre utilizados podem ser estáticos, se não são dinâmicos, vou "pegar" só se precisar. Talvez seja difícil saber no início da utilidade do objeto de uma classe, então comece utilizando como objeto dinâmico, se necessário mude depois para estático.

É importante ter em mente que a Orientação a Objetos vai permitir a você tomar a melhor decisão no momento certo. Isso é chamado de refactoring, vamos ver mais adiante, mas o conceito não é muito complexo. Faz-se o que se considera ser o melhor e permite que seja alterado (melhorado) sempre, ou seja, o projeto é refeito sempre com a intenção de buscar a melhor solução.

Uma outra utilização é o de atributos estáticos que são também chamados de atributos de classe. Esses atributos são mantidos pela classe e não pelo objeto, o que os torna muito próximos de variáveis globais utilizadas em programação estruturada/procedural. Os atributos estáticos armazenam informações de programa e não de objeto, como, por exemplo, versão do programa, ou ainda, nome do usuário. Estes atributos podem ser públicos ou não, no caso de não serem públicos o acesso ao conteúdo do atributo vai depender da existência de métodos públicos e estáticos para ler ou alterar o valor. Veremos no próximo capítulo com mais detalhes o que são atributos ou métodos públicos e privados.

Capítulo 5

Capítulo 5

Relacionamentos

No capítulo anterior vimos na figura 4.3 três classes que são: Calculadora, Operação e EntradaSaida. Neste diagrama as classes foram desenhadas, porém não existe nada que as una, ou seja, nada que demonstre o relacionamento. Mas sabemos que elas se relacionam, sabemos que uma classe utiliza os serviços de outra, neste capítulo apresentaremos dois tipos de relacionamentos: dependência e associação.

5.1 Dependência

A dependência entre duas classes acontece quando um método de uma classe cria (operador new) ou acessa (métodos estáticos) um objeto de outra classe e utiliza os serviços (métodos) desta. É um relacionamento "leve", ou seja, só vai acontecer se o método da classe que cria o objeto for chamado. Este relacionamento nem sempre é apresentado no diagrama, a menos que ele seja o único tipo de relacionamento entre as classes deste, ou seja, importante para a compreensão da modelagem.

É este o relacionamento que existe entre as classes da nossa calculadora veja o trecho de código a seguir:

```
public class Calculadora {

    public static void main(String[] args) throws IOException {

        EntradaSaida.coutln("Calculadora com 3 classes");

        TRECHO SUPRIMIDO

        Operacoes oper = new Operacoes();
        String msg = oper.calcular(op, d1, d2);

        TRECHO SUPRIMIDO

        EntradaSaida.coutln("Encerrado.");
    }
}
```

Veja que o objeto oper da classe Operações é criado e utilizado dentro do método main, assim como o método couln da Classe EntradaSaida. Sendo assim temos um relacionamento de dependência entre estas classes. Este relacionamento é feito através de uma linha pontilhada, veja na figura 5.1 a seguir.

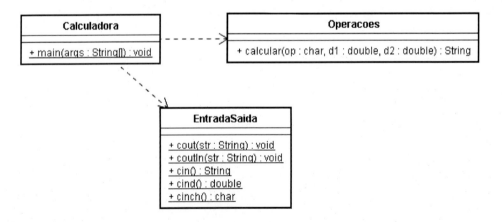

Figura 5.1 – Diagrama com relacionamento de dependência.

5.2 Associação

O outro relacionamento é o de associação, neste caso as classes se relacionam de uma forma mais "forte". O objeto da classe a ser utilizada é construído no mesmo instante que a classe, ou seja, é um atributo da classe e definido no "corpo" desta e não dentro de um método.

Veja o trecho de código mostrado a seguir, note que agora o objeto oper da classe Operações é declarado no corpo da classe (em negrito no trecho a seguir) e não mais dentro do método main. Compare com o trecho anterior.

```
public class Calculadora {

    static Operacoes oper = new Operacoes(); // declaração do objeto
                                             //  no corpo da classe

    public static void main(String[] args) throws IOException {

        EntradaSaida.coutln("Calculadora");

        TRECHO SUPRIMIDO

        String msg = oper.calcular(op, d1, d2);

        TRECHO SUPRIMIDO

        EntradaSaida.coutln("Encerrado.");
    }
}
```

Neste caso a classe calculadora passou a ser associada por um objeto da classe Operações. A associação é representada por uma linha contínua e sempre representa a existência de um objeto no corpo da classe, o diagrama da figura 5.2 mostra o diagrama para o trecho acima.

Veja no detalhe da figura 5.2 que o objeto da classe Operações está declarada também como atributo da classe Calculadora.

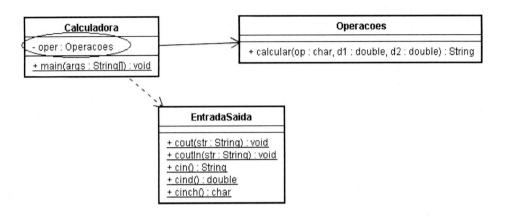

Figura 5.2 – Diagrama com relacionamento de associação

5.3 Dividindo Ainda mais as Responsabilidades

Foi dito em capítulos anteriores que uma classe deve fazer uma coisa e fazê-la bem. Porém a classe Operações está fazendo mais de uma coisa; está fazendo quatro coisas, ou seja, a soma, a subtração, a divisão e a multiplicação. Podemos dividir esta classe em quatro partes. Isso repartirá ainda mais as responsabilidades. Vamos dar uma olhada como fica o diagrama e o código. A figura 5.3 mostra o diagrama.

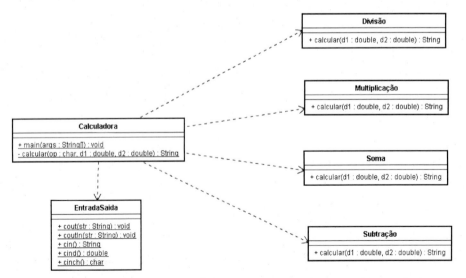

Figura 5.3 – Diagrama com relacionamento de dependência

Note que a classe Operações foi dividida em quatro novas classes, cada uma com uma responsabilidade definida, note também que a classe Calculadora possui agora o método calcular que é responsável pela definição de qual dos objetos será criado para executar a operação. Como os objetos são criados dentro do método calcular, o relacionamento da classe Calculadora com cada uma das operações, é uma dependência.

Veja a seguir como ficou o código da classe Calculadora e de cada uma das classes de Operação.

```
import java.io.IOException;
public class Calculadora {
    public static void main(String[] args) throws IOException {

        EntradaSaida.coutln("Calculadora");
        char ch = ' ';

        while(true){
         EntradaSaida.cout("Para sair digite S ou s: ");
           ch = EntradaSaida.cinch();
     if(ch == 'S' || ch == 's')break;

        EntradaSaida.cout("Digite o Primeiro Número: ");
        double d1 = EntradaSaida.cind();

        EntradaSaida.cout("Digite o Segundo Número: ");
        double d2 = EntradaSaida.cind();

        EntradaSaida.cout("Escolha a Operação + - * / -> ");

        char op = EntradaSaida.cinch();

        String sResultado = calcular(op, d1, d2);

        EntradaSaida.coutln(sResultado);
        }
           EntradaSaida.coutln("Encerrado.");
     }
```

```java
   static public String calcular(char op, double d1, double d2){
        String msg = "";
      switch(op){
      case '+':
      Soma soma = new Soma();
      msg = soma.calcular(d1,d2);
      break;

      case '-':
      Subtração sub = new Subtração();
      msg = sub.calcular(d1,d2);
      break;

      case '*':
      Multiplicação mul = new Multiplicação();
      msg = mul.calcular(d1,d2);
      break;

      case '/':
      Divisão div = new Divisão();
      msg = div.calcular(d1,d2);
      break;

      default:
      msg = "Operação não Implementada...";
      break;
      }
  return msg;
  }
}
```

```java
public class Soma {
    public String calcular(double d1, double d2){
        double dResultado = 0;
        String msg = "";
        dResultado = d1+d2;
        msg = "A soma é:"+dResultado;
        return msg;
    }
}
```

Capítulo 5 – Relacionamentos   57

```
public class Subtração {
    public String calcular(double d1, double d2){
        double dResultado = 0;
        String msg = "";
        dResultado = d1-d2;
        msg = "A subtração é:"+dResultado;
        return msg;
    }
}
```

```
public class Multiplicação {
    public String calcular(double d1, double d2){
        double dResultado = 0;
        String msg = "";
        dResultado = d1*d2;
        msg = "A multiplicação é:"+dResultado;
        return msg;
    }
}
```

```
public class Divisão {
    public String calcular(double d1, double d2){
        double dResultado = 0;
        String msg = "";
        if(d2 != 0){
            dResultado = d1/d2;
            msg = "A divisão é:" + dResultado;
        }
        else{
            dResultado = 999999999.999999999;
            msg = "Erro de divisão por zero";
        }
        return msg;
    }
}
```

Como dissemos desde o princípio, as funcionalidades da calculadora não mudaram, estamos somente distribuindo as responsabilidades. Porém, um detalhe muito importante deve ser observado. Neste formato somente o objeto que executará a operação existirá, se for escolhido soma, somente o objeto da classe soma será criado, os outros objetos não serão criados. Desta forma, somente usaremos a parte da memória correspondente à operação desejada. Assim teremos um uso mais adequado da memória, ou seja, somente o que for necessário.

A figura 5.4 mostra a utilização da memória, caso executemos somente a operação soma, veja que somente a parte relativa a este objeto foi alocada. Se aumentarmos a quantidade de operações da calculadora como, por exemplo, cálculo de logaritmo, seno, cosseno, tangente etc., veremos que o consumo de memória será ainda mais adequado às necessidades do usuário. Isto mostra que o uso de orientação a objetos pode racionalizar o consumo de memória.

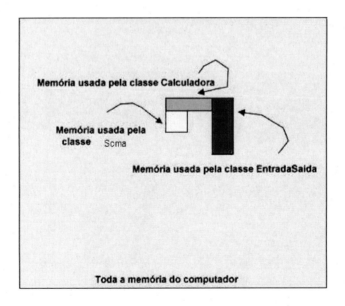

Figura 5.4 – Ocupação da memória
com a distribuição das responsabilidades

5.4 Público e Privado, o que isso Implica?

Vimos nos exemplos anteriores as palavras private e public, tanto para atributos como para métodos. Como a tradução é simples fica fácil de ver que temos atributos ou métodos que podem ser públicos ou privados, mas o que isso significa?

Vimos que as classes se relacionam e esses relacionamentos podem ser de dependência (mais leve) ou de associação (mais forte). O relacionamento representa um serviço executado por um método para outro método, porém nem todos os métodos de uma classe, necessariamente, devem ser utilizados por outras. Neste caso os métodos são chamados de privados, ou seja, pertencem somente à classe e só podem ser chamados por métodos da mesma classe. Por outro lado, os serviços oferecidos pelos objetos de uma classe são necessariamente públicos, pois serão utilizados por outros objetos. A intenção de privar ou publicar métodos é permitir que somente os públicos possam ser acessados, enquanto os privados oferecem serviços para a própria classe. A mesma coisa ocorre com atributos. Os públicos podem ser acessados por objetos de outras classes, já os privados só podem ser acessados por métodos da própria classe.

Por convenção e boa prática devemos sempre considerar que os atributos são privados e que métodos públicos são criados para ler ou alterar o seu valor. Lembre-se então que por boa prática, os objetos de uma classe realizam serviços através de métodos públicos e não são acessados diretamente sobre os atributos, apesar de nada impedí-lo de fazer. O símbolo para público é "+" e para privado é "-".

5.5 Quando Devem Estar no Diagrama de Classes a Dependência e Associação?

A intenção de desenhar um diagrama de classes é permitir que se possa visualizar o papel de cada classe no projeto e quais os relacionamentos com outras classes que sejam importantes para a compreensão deste. Sendo assim, somente os relacionamentos relevantes devem aparecer no diagrama.

A melhor pessoa para definir se é ou não relevante, é você mesmo. Pense que o seu diagrama será lido por outras pessoas, então faça uma leitura do seu diagrama e veja se você compreende, caso não esteja confortável faça as alterações que julge necessárias.

5.6 Exercício Resolvido

Tente resolver o problema a seguir e depois compare com a solução apresentada.

Faça um programa que, dada uma temperatura qualquer de um determinado tipo, faça a conversão para outro. A seguir é mostrada a saída desejada.

```
Conversor de Temperaturas
Para fazer a conversão escolha uma das opções ou 'S' 's'
para sair:
1. Celsius para Kelvin
2. Celsius para Farenheit
3. Kelvin para Celsius
4. Kelvin para Farenheit
5. Farenheit para Celsius
6. Farenheit para Kelvin
1
Digite a Temperatura: 34
34.0 Celsius equivale a 307.0 Kelvin
Digite Enter para continuar
Para fazer a conversão escolha uma das opções ou 'S' 's'
para sair:
1. Celsius para Kelvin
2. Celsius para Farenheit
3. Kelvin para Celsius
4. Kelvin para Farenheit
5. Farenheit para Celsius
6. Farenheit para Kelvin
s
Encerrado.
```

Solução:

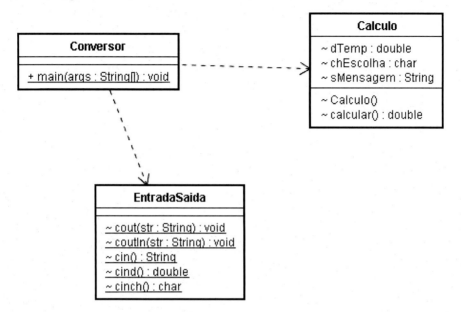

Figura 5.5 – Diagrama de Classes para o Conversor de Temperatura

```
import java.io.IOException;
public class Conversor {
  public static void main(String[] args) throws IOException {
     EntradaSaida.coutln("Conversor de Temperaturas");
     char ch = ' ';
     while(ch != 'S' && ch != 's'){
       EntradaSaida.coutln("Para fazer a conversão escolha       uma das opções ou 'S' 's' para sair:");
       EntradaSaida.coutln("1. Celsius para Kelvin");
       EntradaSaida.coutln("2. Celsius para Farenheit");
       EntradaSaida.coutln("3. Kelvin para Celsius");
       EntradaSaida.coutln("4. Kelvin para Farenheit");
       EntradaSaida.coutln("5. Farenheit para Celsius");
       EntradaSaida.coutln("6. Farenheit para Kelvin");

       ch = EntradaSaida.cinch();
       if(ch == 'S' || ch == 's')break;
```

```
            Calculo calc = new Calculo();
            calc.chEscolha = ch;
            EntradaSaida.cout("Digite a Temperatura: ");
            calc.dTemp = EntradaSaida.cind();

            EntradaSaida.coutln(calc.sMensagem);
            EntradaSaida.cout("Digite Enter para continuar");
            ch = EntradaSaida.cinch();
        }
        EntradaSaida.coutln("Encerrado.");
    }
}
```

```
public class Calculo {
  double dTemp;
  char chEscolha;
  String sMensagem;
  Calculo(){
     dTemp = 0;
     chEscolha = 'E';
     sMensagem = "Conversão indefinida.";
  }
  double calcular(){
     //   C/5 = (F-32)/9 = (K-273)/5
     double dResultado = 0;
     switch(chEscolha){
        case '1': // 1. Celsius para Kelvin
        dResultado = dTemp + 273;
        sMensagem = dTemp +" Celsius equivale a
           "+dResultado+" Kelvin";
        break;
        case '2': // 2. Celsius para Farenheit
        dResultado = (9 * dTemp)/5 + 32;
        sMensagem = dTemp +" Celsius equivale a
     "+dResultado+" Farenheit";
        break;
        case '3': // 3. Kelvin para Celsius
        dResultado = dTemp - 273;
```

```
            sMensagem = dTemp +" Kelvin equivale a
                "+dResultado+" Celsius";
            break;
            case '4': // 4. Kelvin para Farenheit
            dResultado = (dTemp - 273)*9/5 + 32;
            sMensagem = dTemp +" Kelvin equivale a
                "+dResultado+" Farenheit";
            break;
            case '5': // 5. Farenheit para Celsius
            dResultado = (dTemp - 32)*5/9;
            sMensagem = dTemp +" Farenheit equivale a
                    "+dResultado+" Celsius";
            break;
            case '6': // 6. Farenheit para Kelvin
            dResultado = (dTemp - 32)*5/9 + 273;
            sMensagem = dTemp +" Farenheit equivale a
                    "+dResultado+" Kelvin";
            break;
        }
    return dResultado;
    }
}
```

Capítulo 6

Capítulo 6

Utilizando um Padrão Simples e Muito Útil – o Padrão Modelo-Visual-Controle (MVC)

6.1 Analisando o Problema

Antes de falarmos do padrão MVC, vamos analisar o código da calculadora, em particular a classe Calculadora que listamos novamente a seguir.

```java
import java.io.IOException;

public class Calculadora {

    public static void main(String[] args) throws IOException {

        EntradaSaida.coutln("Calculadora");

        char ch = ' ';

        while(true){
         EntradaSaida.cout("Para sair digite S ou s: ");
           ch = EntradaSaida.cinch();
      if(ch == 'S' || ch == 's')break;

        EntradaSaida.cout("Digite o Primeiro Número: ");
        double d1 = EntradaSaida.cind();
```

```
        EntradaSaida.cout("Digite o Segundo Número: ");
        double d2 = EntradaSaida.cind();

      EntradaSaida.cout("Escolha a Operação + - * / -> ");
      char op = EntradaSaida.cinch();

      String sResultado = calcular(op, d1, d2);

      EntradaSaida.coutln(sResultado);
         }
         EntradaSaida.coutln("Encerrado.");
    }

    static public String calcular(char op, double d1,
double d2){
         String msg = "";
      switch(op){
       case '+':
       Soma soma = new Soma();
       msg = soma.calcular(d1,d2);
       break;

       case '-':
       Subtração sub = new Subtração();
       msg = sub.calcular(d1,d2);
       break;

       case '*':
       Multiplicação mul = new Multiplicação();
       msg = mul.calcular(d1,d2);
       break;

       case '/':
       Divisão div = new Divisão();
       msg = div.calcular(d1,d2);
       break;

       default:
       msg = "Operação não Implementada...";
       break;
       }
return msg;
}
}
```

Capítulo 6 – Utilizando um Padrão Simples e Muito Útil... | 69

Veja que esta classe possui um método main que faz as perguntas e apresenta os resultados e um método calcular que decide de qual classe criar o objeto e utilizá-lo para calcular a operação. Veja que esta classe ainda está confusa, fazendo coisas diferentes, lembra da frase?

> "Uma classe deve ser responsável em fazer uma só coisa e fazê-la bem."

Pois bem, vamos então fazer algumas alterações para melhorar a nossa distribuição de responsabilidade.

1. Primeiro passo: vamos criar uma classe que seja responsável por fazer as perguntas e apresentar os resultados, vamos chamar esta classe de Interface, ou seja, será a classe que fará a interface entre o usuário e o programa, passando dados e recebendo respostas.

2. Segundo passo: vamos criar uma outra classe que seja responsável pela decisão sobre qual operação será realizada. Ela terá um método chamado calcular como o já existente. Vamos chamar esta classe de Controle, pois será responsável por decidir qual operação será executada em função da escolha do usuário.

3. Manteremos a classe Calculadora que possuirá o método main que simplesmente criará um objeto da classe Interface para iniciar o processo.

Vejamos primeiro como fica o nosso diagrama de classes. A figura 6.1 mostra o diagrama completo com as classes mencionadas anteriormente. Veja que as classes que executam as operações não foram alteradas.

70 | Orientação a Objetos na Prática

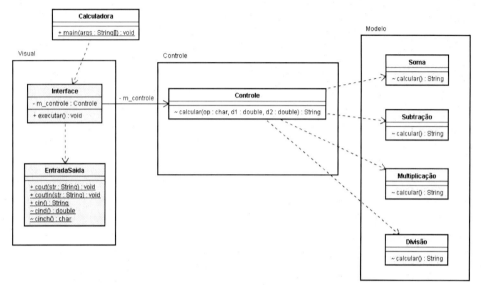

Figura 6.1 – Diagrama Completo da Calculadora
com o Padrão: Modelo – Visual – Controle

As classes, que executam a operação, chamamos de classes do Modelo. Elas representam, de fato, a solução problema. Como não mudaram não iremos analisá-las agora.

Muitas áreas da engenharia definem padrões que permitem apresentar resultados semelhantes para problemas semelhantes. Isso é fácil de verificar, por exemplo, na engenharia civil. Várias características de uma casa seguem padrões de construção e isso garante um determinado nível de qualidade a uma construção civil.

O mesmo pode ser aplicado ao desenvolvimento de software. Depois de muito analisar, especialistas chegaram a conclusão de que a maioria dos programas podem ser divididos em três partes:

1. Modelo. Esta parte é responsável pelas funcionalidades do programa. É nesta parte que serão realizadas as ações com o objetivo de resolver os problemas para os quais o sistema foi desenvolvido. Nesta parte estão as classes especializadas nos problemas a serem resolvidos.

2. Visual. Esta parte é responsável pela interface com o usuário. Existem várias formas de se criar a parte visual de um programa, que vai da interface mais simples(que estamos utilizando) até o uso de interfaces gráficas sofisticadas.

3. Controle. Um sistema pode resolver vários problemas, por isso esta parte será responsável por distribuir as tarefas para que os objetos de classes especializadas possam "dar conta do recado".

A classe Calculadora ficou muito simples, veja o código a seguir.

```java
import java.io.IOException;

public class Calculadora {
  public static void main(String[] args) throws IOException {
     Interface interf = new Interface();
     interf.executar();
  }

}
```

Vamos agora analisar a parte Visual do projeto da Calculadora. A figura 6.2 mostra exclusivamente a parte referente à interface da nossa calculadora.

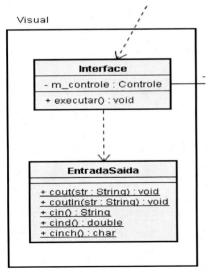

Figura 6.2 – Diagrama da parte Visual da Calculadora

A seguir é apresentado o código completo da classe Interface (já vimos a classe EntradaSaida no início do projeto).

```java
import java.io.IOException;

public class Interface {

    public void executar() throws IOException {

        EntradaSaida.coutln("Calculadora com MVC");

        char ch = ' ';

        while(true){
                EntradaSaida.cout("Para sair digite S ou s: ");
                ch = EntradaSaida.cinch();
            if(ch == 'S' || ch == 's')break;

        EntradaSaida.cout("Digite o Primeiro Número: ");
            double d1 = EntradaSaida.cind();

        EntradaSaida.cout("Digite o Segundo Número: ");
            double d2 = EntradaSaida.cind();

            EntradaSaida.cout("Escolha a Operação + - * / -> ");
            char op = EntradaSaida.cinch();
        Controle controle = new Controle();
         String sResultado = controle.calcular(op, d1, d2);

        EntradaSaida.coutln(sResultado);
            }
        EntradaSaida.coutln("Encerrado.");
    }
}
```

No trecho anterior vemos que a classe Interface somente recebe os números e o tipo de operação que o usuário deseja e chama o método calcular do objeto da classe Controle. Note que a classe ficou muito mais simples.

Capítulo 6 – Utilizando um Padrão Simples e Muito Útil... | 73

Vejamos então a parte responsável pela distribuição das ações. A figura 6.3 mostra o diagrama com a classe Controle, e em seguida é mostrado o código da fonte desta classe.

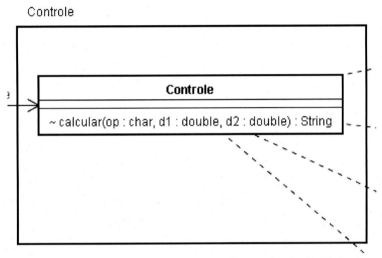

Figura 6.3 – Diagrama da parte de Controle da Calculadora

```
public class Controle{

public String calcular(char op, double d1, double d2){
String msg = "";
      switch(op){
      case '+':
      Soma soma = new Soma();
      msg = soma.calcular(d1,d2);
      break;

      case '-':
      Subtração sub = new Subtração();
      msg = sub.calcular(d1,d2);
      break;

      case '*':
      Multiplicação mul = new Multiplicação();
      msg = mul.calcular(d1,d2);
      break;
```

```
        case '/':
        Divisão div = new Divisão();
        msg = div.calcular(d1,d2);
        break;

        default:
        msg = "Operação não Implementada...";
        break;
        }
   return msg;
   }
}
```

Note que a classe Controle também ficou muito simplificada, ela é responsável pela distribuição do trabalho de executar operações.

O padrão MVC está cada vez mais se tornando uma regra, ou seja, está indo além de padrão. Muitos desenvolvedores já iniciam o projeto dividindo-o em três partes e identificando as responsabilidades de cada uma. Existem vários frameworks(pacotes de software já desenvolvidos) para internet que utilizam o padrão MVC.

6.2 Pacote

Uma forma muito utilizada e eficiente de agrupar classes é o uso de pacotes. Em Java os pacotes são parte integrante da linguagem. Toda a biblioteca está dividida em pacotes. Um pacote é, na realidade, uma árvore de diretórios os quais permitem distribuir as classes de forma mais adequada. Ao gerarmos um arquivo Java(chamado de JAR, ou Java ARchive) esta estrutura de diretórios será reproduzida no arquivo.

Para criar um pacote selecione o menu File -> New -> Package e será apresentada a janela como mostra a figura a seguir.

Capítulo 6 – Utilizando um Padrão Simples e Muito Útil...

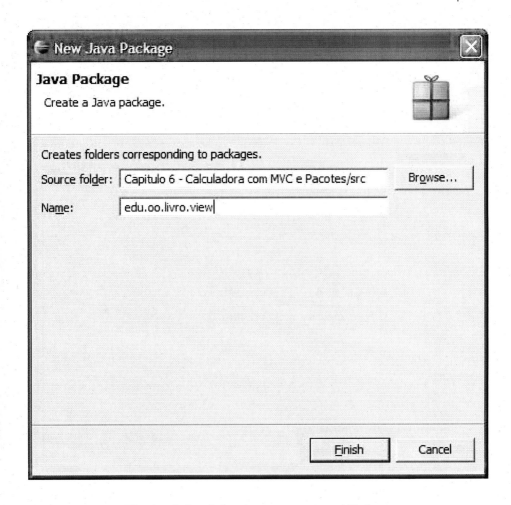

Figura 6.4 – Criando um pacote no Eclipse

A listagem a seguir mostra, como exemplo, o código da classe Controle no pacote edu.oo.livro.control e importa as classes do pacote edu.oo.livro.model. Esta importação é necessária porque as classes fazem parte agora de um outro pacote.

```
package edu.oo.livro.control;

import edu.oo.livro.model.Divisão;
import edu.oo.livro.model.Multiplicação;
import edu.oo.livro.model.Soma;
import edu.oo.livro.model.Subtração;

public class Controle{

   public String calcular(char op, double d1, double d2){
         String msg = "";
      switch(op){
       case '+':
       Soma soma = new Soma();
       msg = soma.calcular(d1,d2);
       break;

       case '-':
       Subtração sub = new Subtração();
       msg = sub.calcular(d1,d2);
       break;

       case '*':
       Multiplicação mul = new Multiplicação();
       msg = mul.calcular(d1,d2);
       break;

       case '/':
       Divisão div = new Divisão();
       msg = div.calcular(d1,d2);
       break;

       default:
       msg = "Operação não Implementada...";
       break;
        }
      return msg;
     }
}
```

Capítulo 7

Capítulo 7

Herança

7.1 Analisando a Parte Modelo da Calculadora

Vimos no capítulo anterior que os projetos ficam melhores se dividirmos em três partes, ou seja, utilizando o padrão MVC. Vamos analisar mais a fundo a parte denominada modelo que é composto de quatro classes que são: Soma, Subtração, Divisão e Multiplicação.

Você percebeu que soma, subtração, divisão ou multiplicação são tipos de operação? Ou seja, elas têm algo em comum, são do mesmo tipo.

Quando dizemos que uma ou mais classes "são do tipo" significa que elas herdam características de uma classe "menos especializada" ou "mais genérica". A classe Operação é mais genérica, por exemplo, que Soma. Não sabemos na realidade como executar uma operação; é necessário saber qual operação, ou seja, soma é um tipo de operação que sabemos como calcular.

Existe neste caso um relacionamento de herança entre as classes Soma, Subtração, Multiplicação e Divisão com a classe Operação. Da mesma forma que as classes Cachorro, Gato, Macaco herdam características da classe Mamífero. Ou ainda, as classes Alicate, Chave de Fenda, Martelo, Serrote herdam características da classe Ferramenta. Como assim herdam características? A classe Mamífero tem características que todo animal que for mamífero terá que possuir, como por exemplo, produzir leite; essa é a idéia, classes que possuem características que podem ser utilizadas por outras que possuem comportamento comum.

A intenção de utilizar herança é facilitar a evolução e manutenção do sistema. Se quisermos criar novas operações podemos herdar da classe Operação os atributos e métodos que não sejam privados.

É desta forma que se cria um relacionamento de herança, podendo utilizar os métodos não privados. Por causa disso foi criada uma nova forma de caracterização de atributos e métodos que o protegido (protected). Neste caso, o atributo ou o método pode ser utilizado pelas classes que herdam; classes que chamamos de classes filhas.

Sendo assim, classes "Mãe" mais genéricas e menos especializadas possuem características que podem ser herdadas por classes "Filha" menos genéricas, mais especializadas. Se parece confuso vamos ver como fica na calculadora. A seguir é mostrada a figura com o diagrama do modelo com o relacionamento de herança entre os tipos de operação e a classe Operação.

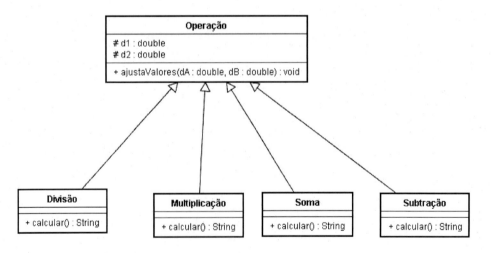

Figura 7.1 – Diagrama de Classe do modelo da Calculadora com Herança

Veja a seguir como fica o código.

```
public class Operação {

    protected double m_d1;
    protected double m_d2;

  public void ajustaValores(double dA, double dB){
    m_d1 = dA;
    m_d2 = dB;
  }
}

public class Soma extends Operação{

    public String calcular(){
        double dResultado = 0;
        dResultado = m_d1+ m_d2;
        String msg = "A soma é:"+dResultado;
        return msg;
    }
}

public class Subtração extends Operação{

    public String calcular(){
        double dResultado = 0;
        dResultado = m_d1- m_d2;
        String msg = "A subtração é:"+dResultado;
        return msg;
    }
}

public class Multiplicação extends Operação {

    public String calcular(){
        double dResultado = 0;
        dResultado = m_d1* m_d2;
        String msg = "A multiplicação é:"+dResultado;
        return msg;
    }
}
```

```
public class Divisão extends Operação{

    public String calcular(){
        double dResultado = 0;
        String msg = "";
        if(m_d2 != 0){
            dResultado = m_d1/ m_d2;
            msg = "A divisão é:" + dResultado;
        }
        else{
            dResultado = 999999999.999999999;
            msg = "Erro de divisão por zero";
        }
        return msg;
    }
}
```

Note que para se realizar uma herança em Java utiliza-se a palavra extends após a definição da classe e, em seguida, é colocado o nome da classe "Mãe" no caso Operação. O relacionamento de herança é representado no diagrama como uma seta completa. O atributos d1 e d2 podem ser utilizados pelas classes "Filha" porque são **protegidos**.

A seguir a classe Controle para o uso das novas classes do modelo.

```
public class Controle{

   public String calcular(char op, double d1, double d2){
       String msg = "";
      switch(op){
       case '+':
       Soma soma = new Soma();
       soma.ajustaValores(d1,d2); //Método da classe mãe
       msg = soma.calcular();
       break;

       case '-':
       Subtração sub = new Subtração();
       sub.ajustaValores(d1,d2); //Método da classe mãe
```

```
        msg = sub.calcular();
        break;

        case '*':
        Multiplicação mul = new Multiplicação();
        mul.ajustaValores(d1,d2); //Método da classe mãe
        msg = mul.calcular();
        break;

        case '/':
        Divisão div = new Divisão();
        div.ajustaValores(d1,d2); //Método da classe mãe
        msg = div.calcular();
        break;

        default:
        msg = "Operação não Implementada...";
        break;
        }
        return msg;
    }
}
```

7.2 Construtores

Vamos aproveitar o exemplo anterior da calculadora para falar sobre um tipo de método especial chamado **construtor**. A função de um construtor é iniciar os atributos do objeto assim que o criamos através de *new*. O método construtor tem, obrigatoriamente, o mesmo nome da classe. Veja o trecho de código a seguir.

```
public class Soma extends Operação{

(A) public Soma(){
  d1 = 0;
  d2 = 0;
    }
(B) public Soma(double dA, double dB){
  d1 = dA;
```

```
    d2 = dB;
    }

    public String calcular(){
        double dResultado = 0;
        dResultado = d1+d2;
        String msg = "A soma é:"+dResultado;
        return msg;
    }
}
```

Neste exemplo a classe Soma passou a ter dois tipos diferentes de construtores. No primeiro caso (linha A) não passamos os valores iniciais para serem atualizados, então o construtor atribui zero aos atributos. No segundo caso (linha B) o construtor recebe dois valores, então estes valores são passados aos atributos. Neste caso isso é possível porque os atributos d1 e d2 são protegidos. Isso pode ser feito com as outras classes.

Para criar este exemplo pode-se fazer de duas formas, veja trecho de código a seguir.

```
public class UtilizandoOConstrutor{

    public static void main(String[] args){

    Soma s1 = new Soma();
    // Os resultados dos cálculos serão os mesmos
    s1.ajustaValores(1.0, 2.0);
    String msg = s1.calcular();
    System.out.println(msg);

Soma s2 = new Soma(1.0, 2.0);
    msg = s2.calcular();
    System.out.println(msg);
    }
}
```

Os dois objetos s1 e s2 executam a mesma soma. A diferença está na forma como os dados são passados para o objeto. Através do construtor ou através de um método.

7.3 Um Outro Exemplo

Vamos modelar algumas formas geométricas como, por exemplo: triângulo, quadrado, círculo e retângulo. Sabemos que todos são formas geométricas, ou seja, são **tipos de** formas geométricas. O que eles têm em comum? Podemos citar a área, todos têm uma área. Outro exemplo é o perímetro, todos também têm um perímetro. Podemos então criar uma classe **Mãe** chamada **FormaGeometrica** que possua dois atributos do tipo double que armazenariam os valores de área e de perímetro. Já sabemos que esses valores não podem ser privados, pois as classes **Filha** não teriam acesso. Precisamos também de dois métodos que retornem a área e o perímetro respectivamente para que esses valores possam ser lidos. Esses métodos devem ser públicos. Veja o diagrama da figura 7.2 e em seguida o código da classe FormaGeométrica.

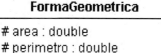

Figura 7.2 – Classe FormaGeometrica

```
public class FormaGeometrica {

  protected double area;

  protected double perimetro;

  public double retornaArea(){
     return area;
  }

  public double retornaPerimetro(){
     return perimetro;
  }
}
```

Note que para protegido é utilizado o símbolo '#', assim como para privado é utilizado o símbolo '–' e para público é utilizado o símbolo '+'.

Vamos agora analisar as classes Triângulo, Círculo, Retângulo e Quadrado. Veja a figura com o diagrama.

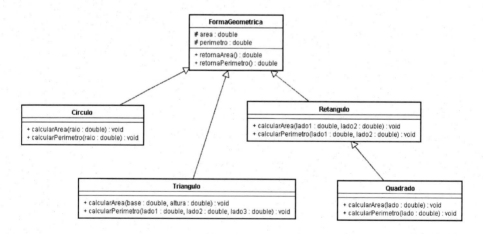

Figura 7.3 – Diagrama de Classes de Formas Geométricas mostrando o relacionamento de herança

```
public class Circulo extends FormaGeometrica {

  public void calcularArea(double raio){
    area = 3.1415926535898 * raio * raio;
  }

  public void calcularPerimetro(double raio){
    perimetro = 3.1415926535898 * raio;
  }

}
```

```
public class Triangulo extends FormaGeometrica {

  public void calcularArea(double base, double altura){
    area = (base * altura) / 2;
  }

  public void calcularPerimetro(double lado1, double lado2,       double lado3){
    perimetro = lado1 + lado2 + lado3;
  }
}
```

```
public class Retangulo extends FormaGeometrica {

  public void calcularArea(double lado1, double lado2){
    area = lado1 * lado2;
  }

  public void calcularPerimetro(double lado1, double lado2){
    perimetro = 2 * lado1 + 2 * lado2;
  }

}
```

```
public class Quadrado extends Retangulo {

  public void calcularArea(double lado){
     super.calcularArea(lado, lado);
  }

  public void calcularPerimetro(double lado){
     super.calcularPerimetro(lado, lado);
  }

}
```

Note que as classes "Filha" não possuem os atributos área e perímetro que estão na classe "Mãe" FormaGeometrica. Se esses atributos fossem privados, as classes "Filha" não poderiam utilizar, daria erro de compilação. Herança é o terceiro e último relacionamento que vamos analisar. É o relacionamento mais forte de todos.

Poderíamos calcular área e perímetro de cada tipo de forma geométrica, como mostrado na listagem a seguir.

```
public class AreaEPerimetro {

  public static void main(String[] args) {

     Circulo c = new Circulo();
     c.calcularArea(5);
     double area = c.retornaArea();
     c.calcularPerimetro(5);
     double perimetro = c.retornaPerimetro();
     String msg = "A área do Circulo é "+area+" e o perí-
metro                  é "+perimetro;
     System.out.println(msg);

     Quadrado q = new Quadrado();
     q.calcularArea(15);
     area = q.retornaArea();
     q.calcularPerimetro(15);
```

Capítulo 7 – Herança

```
        perimetro = q.retornaPerimetro();
        msg = "A área do Quadrado é "+area+" e o perímetro
é                   "+perimetro;
        System.out.println(msg);

        Triangulo t = new Triangulo();
        t.calcularArea(30,40);
        area = t.retornaArea();
        t.calcularPerimetro(30,40,50);
        perimetro = t.retornaPerimetro();
        msg = "A área do Triangulo é "+area+" e o perímetro
é                   "+perimetro;
        System.out.println(msg);

        Retangulo r = new Retangulo();
        r.calcularArea(30,40);
        area = r.retornaArea();
        r.calcularPerimetro(30,40);
        perimetro = r.retornaPerimetro();
        msg = "A área do Retangulo é "+area+" e o perímetro
é                   "+perimetro;
        System.out.println(msg);

    }
}
```

Note que os métodos retornaArea e retornaPerimetro são da classe "Mãe".

Em capítulos anteriores vimos que o consumo de memória depende do objeto criado. Quando criamos um objeto que herda de outro, que por sua vez herda de outro e assim por diante, o consumo de memória será correspondente a todos os objetos de classes da família. Sendo assim, criar um objeto da classe Círculo implica em alocar memória necessária para a classe FormaGeometrica e para a própria classe Círculo. Ou ainda, criar um objeto da classe Soma implica em alocar memória também para a classe Operação.

O consumo de memória deverá suprir as necessidades de atuação do objeto com todos os atributos e métodos das classes "Mãe", "Avó", "Tataravó" e por aí vai; além é claro dos atributos e métodos da própria classe.

O uso de herança permite uma compreensão mais adequada do projeto, facilita a evolução, evita duplicação de código. Porém o que for necessário para executar o código estará na memória, o que não poderia ser de outra forma.

Capítulo 8

Capítulo 8

Classes Abstratas, Interface e Polimorfismo

8.1 Classes Abstratas

No capítulo anterior vimos que existem classes mais genéricas (que chamamos de classes "Mãe") e classes mais especializadas (que chamamos de classes "Filha"). As classes mais genéricas podem, em alguns casos, servir como referência para classes "Filha". Como assim servir de referência?

A classe "Mãe" pode servir para definir quais métodos as classes "Filhas" deverão ter, porém sem que o método seja implementado. Mas qual é a finalidade disso?

Vamos dar essa resposta no tópico seguinte quando falarmos de polimorfismo, por hora veremos como criaremos a classe "Mãe". Uma classe que pretende servir como referência é chamada de classe Abstrata, ou seja, pelo menos um método da classe não é implementado, não possui código algum. Vejamos o exemplo da classe Operação e da classe FormaGeometrica que utilizamos no capítulo anterior.

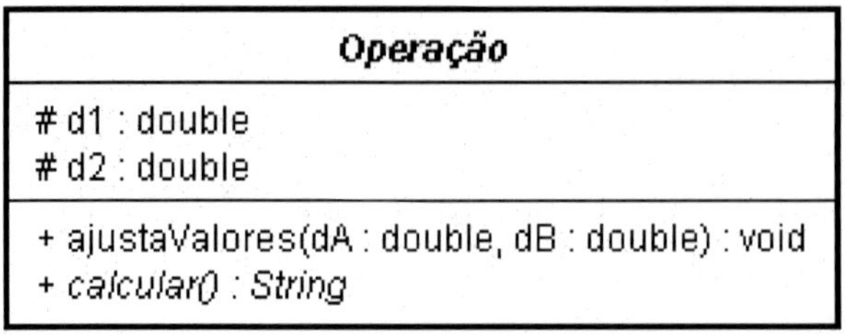

Operação
d1 : double # d2 : double
+ ajustaValores(dA : double, dB : double) : void + *calcular()* : *String*

Figura 8.1 – Classe Operação abstrata com método abstrato calcular

```
public abstract class Operação {

    protected double d1;
    protected double d2;

    public void ajustaValores(double dA, double dB){
        d1 = dA;
        d2 = dB;
    }

    abstract public String calcular();

}
```

Na representação de uma classe Abstrata, o nome deve ficar em itálico assim como para o método abstrato. Note que a classe não mudou nada, somente foi definido que as classes "Filha" deverão, obrigatoriamente, implementar um método chamado calcular, uma vez que o método é abstrato, a classe "Filha" terá que torná-lo real. Como todas as classes "Filha" já têm o método, isso não altera o código. Se criarmos uma nova classe, por exemplo RaizQuadrada, e esta classe for "Filha" de Operação ela deverá implementar o método calcular ou declarar novamente como abstrato para que uma outra classe "Filha" faça a implementação. Isto permite definir características obrigatórias nos descendentes. Em Java as classes e os métodos abstratos usam a palavra **abstract** para identificar que são abstratas. O método abstrato não possui corpo. A figura a seguir mostra o código da nova classe RaizQuadrada.

```
public class RaizQuadrada extends Operação {

  public String calcular() {
    m_d2 = Math.sqrt(m_d1);
        String msg = "A divisão é:" + m_d2;
    return msg;
  }
}
```

8.2 Interfaces

A linguagem Java definiu um tipo, digamos, "especial" de classe abstrata que é a interface. A interface só possui a definição de métodos sendo todos abstratos (isso não é declarado porque se trata de uma interface). Os atributos de interface só podem ser atributos públicos, estáticos e *final*, ou seja, inalteráveis, servindo como definição. A herança que vimos até aqui é útil, porém esconde alguns perigos, um deles é a herança múltipla. Uma classe pode herdar de várias outras, mas isso torna o compilador extremamente complexo (como acontece em C++) ou ineficientes (como ocorre em Eiffel). Em Java foi criado a interface, para que uma classe "Filha" pudesse herdar somente de uma classe "Mãe" e pudesse implementar várias interfaces. Outra função das interfaces é permitir a implementação de funções de *callback*, ou seja, permitir que métodos de uma determinada classe possam ser chamados sabendo-se que existem, uma vez que esta classe implementa uma determina interface. A figura a seguir mostra como é visto o relacionamento de implementação em uma interface.

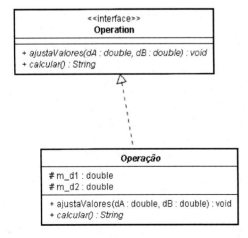

Figura 8.2 – Diagrama com as operações da calculadora utilizando interface

```java
public interface Operation {

  public void ajustaValores(double dA, double dB);

  public String calcular();
}
public abstract class Operação implements Operation{

    protected double m_d1;
    protected double m_d2;

  public void ajustaValores(double dA, double dB){
     m_d1 = dA;
     m_d2 = dB;
  }

  abstract public String calcular();
}

public class Soma  extends Operação{

  public Soma(){ // Construtor sem argumentos da classe Soma
     m_d1 = 0;
     m_d2 = 0;
       }

   public Soma(double dA, double dB){ // Construtor com
                //argumentos da classe Soma
     m_d1 = dA;
     m_d2 = dB;
       }

  public String calcular(){
        double dResultado = 0;
        String msg = "";
        dResultado = m_d1+m_d2;
        msg = "A soma é:"+dResultado;
        return msg;
     }

}
```

Note que as classes possuem um relacionamento semelhante à herança, porém a interface só possui métodos abstratos (apesar de isso não estar declarado no código). A interface obriga que todas as classes que a implementem (note que em Java é utilizada a palavra *Implements*) devem possuir o código deste método definido na interface. No caso, como já vimos antes, a classe Soma e as demais já possuem o método calcular, sendo assim o código está correto. Na bibliografia existe uma lista muito boa de livros de Java onde você pode aprender sobre interface.

8.3 Polimorfismo

8.3.1 Polimorfismo Dinâmico

Uma forma de aproveitar a força das classes abstratas ou das interfaces é o uso em orientação a objetos de polimorfismo dinâmico. O que significa isso?

Vejamos primeiro o significado da palavra polimorfismo:

- poli = muitos
- morfismo = formas

Então tem a ver com muitas formas, mas muitas formas de quê?

O polimorfismo dinâmico é a propriedade de se executar vários serviços diferentes (poli) de formas diferentes (morfismo). Para fazer isso vamos utilizar as propriedades da criação de objetos. Nos capítulos 3 e 4 apresentamos as características da criação de objetos em relação à memória do computador. Sabemos que ao criamos um novo objeto (usando *new*), este ocupará um espaço na memória. Não podemos criar interfaces, ou seja, não se pode criar (*new*) quando se trata de uma interface. Podem criar classes abstratas, mas os métodos abstratos não irão para a memória. Porém podemos criar um objeto real (nem abstrato, nem interface) e referenciá-lo através de uma interface ou classe abstrata. Veja os exemplos a seguir.

```
(1) Soma soma = new Soma();
(2) Operação oper = null;
(3) oper = soma;
(4) oper.ajustaValores(1.0, 2.0);
(5) oper.calcular();
(5) Subtração sub = new Subtração();
(6) oper = sub;
(7) oper.ajustaValores(1.0, 2.0);
(8) oper.calcular();
```

Primeiro, na linha 1, é criado um objeto da classe Soma, chamado **soma**. Depois criamos uma referência para a classe abstrata, Operação na linha 2, chamado **oper**. Sabendo que **oper** é uma referência e que a classe Soma herda da classe Operação que possui um método abstrato calcular, podemos realizar o código da linha 3. Na linha 4 será atualizado os valores para o objeto **soma** utilizando a referência **oper** e na linha 5 é executada a **soma**. Veja que oper está referenciando, ou seja, está indicando um objeto da classe Soma. Na linha 6 é criado um objeto da classe Subtração chamado **sub**. Na linha 6 temos agora a referência **oper** sendo indicada para o objeto **sub** que está preparado para fazer subtrações. Veja que as linhas 7 e 8 são idênticas às linhas 4 e 5, porém será executada na linha 8 uma operação de subtração.

Podemos utilizar então uma classe abstrata para determinar qual operação será realizada em tempo de execução. Analise o trecho do código a seguir.

```
       String executarCalculo(char op, double d1, double d2){
String msg = "";
     Operação oper = null;
     switch(op){
        case '+':
           oper = new Soma();
        break;
        case '-':
           oper = new Subtração();
        break;
        case '*':
```

Capítulo 8 – Classes Abstratas, Interface e Polimorfismo | 99

```
                oper = new Multiplicação();
            break;
            case '/':
                oper = new Divisão();
            break;
            default:
                msg = "Operação não Implementada...";
            break;
        }
    if(oper != null){
(A)     oper.ajustaValores(d1, d2);
(B)     msg = oper.calcular();
        }
    return msg;
    }
```

O método executarCalculo, mostrado anteriormente, mostra o uso de polimorfismo dinâmico para escolher qual operação será executada. Foi criada uma referência para um tipo de operação através de oper e a escolha de qual operação será selecionada é feita no switch quando então é criado o objeto que realizará a operação. Caso o objeto seja criado, as linhas A e B mostram a chamada para executar a operação escolhida (só definida na execução). Veremos aplicações de polimorfismo no capítulo sobre Design Patterns.

O mesmo raciocínio pode ser feito para interface, analise o trecho de código a seguir.

```
    String executarCalculo (char op, double d1, double d2)
    {
(A)     Operation operation = null;
        String msg = "";
        switch(op){
            case '+':
            operation = new Soma(d1,d2);
            break;
            case '-':
                operation = new Subtração(d1,d2);
            break;
            case '*':
                operation = new Multiplicação(d1,d2);
```

```
            break;
            case '/':
            operation = new Divisão(d1,d2);
            break;
            default:
                msg = "Operacao não Implementada...";
            break;
        }
    if(operation != null)
              msg = operation.calcular();
      return msg;
      }
```

Na linha A é criada uma referência à interface Operation. Como a classe abstrata Operação é que possui o método ajustaValores e queremos utilizar a interface, utilizamos o construtor para passarmos os valores de d1 e d2. Outra forma seria criar na interface o método ajustaValores e fazer com que a classe Operação implemente a interface Operation. Assim poderíamos utilizar este método através da interface. A figura a seguir mostra o diagrama completo onde a classe Operação implementa a interface Operation e todas as classes possuem o construtor com passagem de parâmetros.

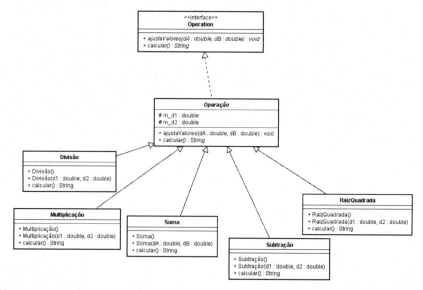

Figura 8.3 – Diagrama com a classe Operação implementando a Interface

8.3.2 Polimorfismo Estático

Uma outra forma de polimorfismo está relacionado com a possibilidade de se ter dois métodos com o mesmo nome e mesmo tipo de retorno, porém com argumentos diferentes. Analise o código da classe Soma e a figura a seguir.

```
public class Soma extends Operacao implements Operation {

  public Soma() {
     super();   //chama o construtor da classe mãe
  }


  public Soma(double d1, double d2) {
     super(d1,d2); //chama o construtor da classe mãe
  }

       public String calcular(){
          double dResultado = 0;
          dResultado = d1+d2;
          String msg = "A soma é:"+dResultado;
          return msg;
       }

       public String calcular(double dA, double dB){
          ajustaValores(dA, dB);
          return calcular();
       }
}
```

```
┌─────────────────────────────────────────┐
│                  Soma                   │
├─────────────────────────────────────────┤
│ + Soma()                                │
│ + Soma(d1 : double, d2 : double)        │
│ + calcular() : String                   │
│ + calcular(dA : double, dB : double) : String │
└─────────────────────────────────────────┘
```

Figura 8.4 – Classe Soma com polimorfismo estático

O segundo método calcular recebe os valores para executar a soma, ajusta esses valores e chama o método calcular (o outro) para executá-la. Isso tem a vantagem de fornecer uma outra forma (polimorfismo) de executar a soma. A desvantagem é que o código e, por conseqüência, o consumo de memória serão maiores, por isso deve-se utilizar polimorfismo estático somente quando for realmente necessário. A vantagem é oferecer várias opções para que as classes "Cliente" possam utilizar o método que identificarem como o mais adequado.

Utilizamos até aqui o projeto da calculadora e vimos várias características de polimorfismo, vamos necessitar de um outro projeto para continuar a partir do próximo capítulo, mas voltaremos à calculadora para concluir o nosso estudo sobre orientação a objetos.

Capítulo 9

Capítulo 9

Associando Vários Objetos

9.1 Como Fazer Quando Tenho Muitos Objetos?

No exemplo da calculadora falamos de associação de um objeto com outro objeto, neste caso chamamos de relacionamento "1" para "1". Mas podemos ter um relacionamento de "1" para muitos, por exemplo, se vamos desenvolver um sistema para uma escola. Uma escola tem muitos alunos, quantos não sabemos definir claramente 100, 500, talvez 1000. Como resolver o relacionamento "1" para muitos?

Vamos, neste caso, precisar de uma classe entre um objeto e outro que armazene um conjunto de objetos e possa ser responsável pelo relacionamento. Em Java existem algumas classes prontas que podemos utilizar para fazer isso, por exemplo, a classe Vector que permite criar um vetor de objetos na memória. Esta classe será, no nosso novo projeto, responsável por realizar este relacionamento. Para entender melhor vamos utilizar um projeto diferente da calculadora.

9.2 Características do Segundo Projeto – a Loja

Vamos supor o seguinte problema:

◆ Faça um programa capaz de calcular o faturamento mensal de N mercadorias onde os preços unitários, as quantidades e os nomes dessas mercadorias são fornecidos um a um. Mostre o nome da mercadoria que teve o maior total (R$) de vendas, o faturamento total mensal e o percentual que cada mercadoria (mostrar nome) obteve sobre o faturamento total mensal.

A figura a seguir mostra a solução completa utilizando o padrão MVC que já vimos anteriormente. Vamos analisar o código completo do projeto e dedicar mais atenção ao relacionamento "1" para muitos entre as classes MercadoriasControle e Mercadorias. Note que é utilizado um asterisco '*' próximo a classe Mercadorias e o número "1" próximo a classe MercadoriasControle, indicando um relacionamento "1" para muitos (1 -> *).

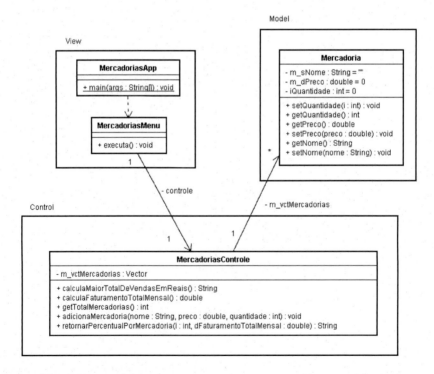

Figura 9.1 – Diagrama de Classe do Projeto de Mercadorias

```java
import java.io.IOException;


public class MercadoriasApp {

  public static void main(String[] args) throws IOExcep-
tion {
    MercadoriasMenu menu = new MercadoriasMenu();
    menu.executa();
  }
}
```

```java
import java.io.IOException;

public class MercadoriasMenu {

private MercadoriasControle controle = new Mercadorias-
Controle();

  public void executa() throws IOException {

    EntradaSaida.coutln("Faturamento de Mercadorias.");

    char ch = ' ';


    while (ch != 'S' && ch != 's') {
       EntradaSaida.cout("Para encerrar entrada de dados
digite S ou s: ");
       ch = EntradaSaida.cinch();
       if (ch == 'S' || ch == 's')
          break;

       EntradaSaida.cout("Digite o Nome: ");
       String sNome = EntradaSaida.cin();

       EntradaSaida.cout("Digite o Preço: ");
       double dPreco = EntradaSaida.cind();

       EntradaSaida.cout("Digite a Quantidade: ");
       int iQuantidade = EntradaSaida.cini();
```

```
        controle.adicionaMercadoria(sNome, dPreco,
              iQuantidade);
    }

    String s = controle.calculaMaiorTotalDeVendasEmRe-
ais();
    EntradaSaida.coutln(s);

    double dFaturamentoTotalMensal =
controle.calculaFaturamentoTotalMensal();
    EntradaSaida.coutln("O faturamento total mensal é:
"+       dFaturamentoTotalMensal);

    for(int i=0; i<controle.getTotalMercadorias(); i++)
{
       s=controle.retornarPercentualPorMercadoria(i,
          dFaturamentoTotalMensal);
    EntradaSaida.coutln(s);
    }

    EntradaSaida.coutln("Encerrado.");
  }
}
```

```
public class Mercadoria {
  private String m_sNome = "";
  private double m_dPreco = 0;
  private int m_iQuantidade = 0;

  public void setQuantidade(int i){
     m_iQuantidade = i;
  }
```

```java
  public int getQuantidade(){
    return m_iQuantidade;
  }

  public double getPreco() {
    return m_dPreco;
  }

  public void setPreco(double preco) {
    m_dPreco = preco;
  }
  public String getNome() {
    return m_sNome;
  }

  public void setNome(String nome) {
    m_sNome = nome;
  }
}
```

```java
import java.util.Vector;

public class MercadoriasControle {

  private Vector m_vctMercadorias = new Vector();

  public String calculaMaiorTotalDeVendasEmReais() {
    double dPrecoTotal = 0;
    Mercadoria mMaiorVenda = new Mercadoria();
    for(int i=0; i<m_vctMercadorias.size(); i++){
      Mercadoria m = (Mercadoria)m_vctMercadorias.get(i);
      double dTotalMercadoria = m.getPreco() *
              m.getQuantidade();
      if(dTotalMercadoria > dPrecoTotal){
        mMaiorVenda = m;
        dPrecoTotal = dTotalMercadoria;
      }
    }
```

```
    String s = "A mercadoria "+mMaiorVenda.getNome()+"
tem o              maior valor de vendas que é R$"
    +mMaiorVenda.getPreco()*mMaiorVenda.getQuantidade();
    return s;
  }

  public double calculaFaturamentoTotalMensal() {
    double dFaturamento = 0;
    for(int i=0; i<m_vctMercadorias.size(); i++){
      Mercadoria m = (Mercadoria)m_vctMercadorias.get(i);
      dFaturamento += (m.getPreco()*m.getQuantidade());
    }

    return dFaturamento;
  }

  public int getTotalMercadorias() {
    return m_vctMercadorias.size();
  }
```

```
  public void adicionaMercadoria(String nome, double preco, int       quantidade) {
    Mercadoria m = new Mercadoria();
    m.setNome(nome);
    m.setPreco(preco);
    m.setQuantidade(quantidade);
    m_vctMercadorias.add(m);
  }

  public String retornarPercentualPorMercadoria(int i, double       dFaturamentoTotalMensal) {
    String s = "";
    if(i < m_vctMercadorias.size()){
      Mercadoria m = (Mercadoria)m_vctMercadorias.get(i);
      double dPerc = ((m.getPreco()*m.getQuantidade())
          /dFaturamentoTotalMensal)*100;
      s = "A mercadoria "+m.getNome()+
        " tem o percentual no faturamento igual a "
      +dPerc+" %";
    }
    return s;
  }
```

Capítulo 9 – *Associando Vários Objetos* | 111

Vamos analisar em detalhes a classe MercadoriasControle, principalmente no relacionamento com a classe Mercadoria. No trecho de código a seguir está a declaração para a importação da classe Vector (linha A).

```
(A) import java.util.Vector;

(B) public class MercadoriasControle {

(C) private Vector m_vctMercadorias = new Vector();

    ...
```

Na linha C é criado um objeto da classe Vector chamado m_vctMercadorias. A classe Vector permite armazenar qualquer tipo de objeto (não armazena int, double, char, etc, somente objetos) em um vetor e faz o gerenciamento do consumo de memória e a posição destes objetos no vetor.

No trecho de código a seguir o método adicionaMercadoria recebe os valores de nome, preço e quantidade de mercadorias.

```
public void adicionaMercadoria(String nome, double preco, int      quantidade) {
    Mercadoria m = new Mercadoria();
    m.setNome(nome);
    m.setPreco(preco);
    m.setQuantidade(quantidade);
    m_vctMercadorias.add(m);
}
```

Para armazenar os valores é criado um objeto da classe Mercadoria. Os valores do objeto são atualizados através dos métodos set desta classe (analise a classe Mercadoria mostrada anteriormente). Feito isso o objeto é adicionado ao vetor através do método add da classe Vetor. Em tese, pode-se adicionar tantos objetos quanto necessários, irá depender do espaço de memória disponível na máquina para isso. Desta forma realizamos um relacionamento "1" para muitos entre a classe MercadoriasControle e a classe Mercadoria.

Para ler o valor do objeto que está no vetor é necessário utilizar um typecast, ou seja, forçar o retorno do objeto no formato da Classe que foi armazenada (em Java 5 é possível fazer isso de forma diferente, descubra como).

```
public double calculaFaturamentoTotalMensal() {
   double dFaturamento = 0;
   for(int i=0; i<m_vctMercadorias.size(); i++){
      Mercadoria m = (Mercadoria)m_vctMercadorias.get(i);
      dFaturamento += (m.getPreco()*m.getQuantidade());
   }

   return dFaturamento;
}
```

A linha:

`Mercadoria m = (Mercadoria)m_vctMercadorias.get(i);`

Utiliza o método get da classe Vetor para retornar o enésimo objeto armazenado. Para determinar o tipo do método é utilizado o nome da classe (no caso Mercadoria) entre parênteses. Isso é necessário para permitir que os métodos do objeto possam ser acessados.

Existem outras classes que trabalham com coleção em Java, estude-as para verificar qual a melhor forma de se implementar um relacionamento "1" para muitos em seu projeto. Caso não esteja utilizando Java é possível desenvolver uma classe semelhante que seja responsável pelo relacionamento entre os objetos. Em C++ você pode desenvolver classes utilizando templates ou STL para implementar o relacionamento um para muitos.

9.3 A Visão Dinâmica dos Objetos

Vimos até aqui a distribuição de responsabilidades em classes e os relacionamentos entre elas em diagramas de classes. Porém esta é a visão estática do sistema e aí talvez esteja uma das grandes dificuldades de compreender a orientação a objetos. Podemos, entretanto ter a visão dinâmica do programa. Neste capítulo são apresentados dois diagramas que permitem esta visão. Nos tópicos a seguir faremos uma introdução a dois diagramas que permitem ter essa visão dinâmica do sistema ou de parte dele. Caso você deseje se aprofundar nos diagramas da UML leia o meu outro livro UML na Prática – Do Problema ao Sistema.

9.4 Diagrama de Atividades

O diagrama de atividades (também conhecido como fluxograma) permite visualizar a execução do programa. Em particular do fluxo, ou fluxos, da classe de controle do programa. A figura seguinte mostra o diagrama de atividades para o programa das mercadorias.

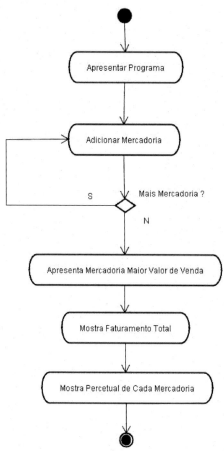

Figura 9.2 – Diagrama de atividades do projeto de Mercadorias

9.5 Diagrama de Seqüência

Outra forma de visualizar dinamicamente o programa é utilizar o diagrama de seqüência. Neste caso é possível ver o dinamismo dos objetos e o relacionamento entre eles. A figura a seguir mostra o diagrama de seqüência para o projeto de mercadorias.

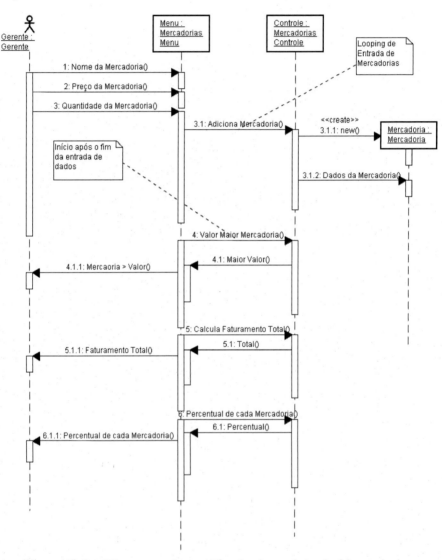

Figura 9.3 – Diagrama de seqüência do projeto de Mercadorias

9.6 Exercício Resolvido

Uma empresa aérea necessita de um sistema de reserva de passagens.

O número de vôos da companhia é indeterminado.

Os números dos vôos e a quantidade de lugares disponíveis em cada vôo são fornecidos e armazenados.

Vários pedidos de reserva são lidos, constituídos do número da carteira de identidade do cliente e do número do vôo desejado. Caso o vôo esteja lotado não deverá ser efetuada a reserva. Uma mensagem de confirmação ou não deverá ser emitida. Em caso de confirmação da reserva o número de lugares disponíveis no vôo deverá ser atualizado.

Ao final das reservas deverá ser emitida uma lista das reservas com a identidade do cliente é o número do vôo. Veja o exemplo a seguir.

```
Programa para reserva de Passagens Aéreas
Para encerrar a criação de vôos digite S ou s:
Digite o Número do Vôo: 123
Digite o Número de Assentos do Vôo: 120
Para encerrar a criação de vôos digite S ou s:
Digite o Número do Vôo: 321
Digite o Número de Assentos do Vôo: 80
Para encerrar a criação de vôos digite S ou s: s
Para encerrar as reservas digite S ou s:
Digite o Número do Vôo para realizar a reserva: 123
Digite o Número de identidade do Cliente: 111111111
Reserva confirmada.
Para encerrar as reservas digite S ou s:
Digite o Número do Vôo para realizar a reserva: 321
Digite o Número de identidade do Cliente: 999999999
Reserva confirmada.
Para encerrar as reservas digite S ou s: s
Listagem de Reservas
Existe uma reserva para 111111111 no Vôo 123
Existe uma reserva para 999999999 no Vôo 321
```

Solução:

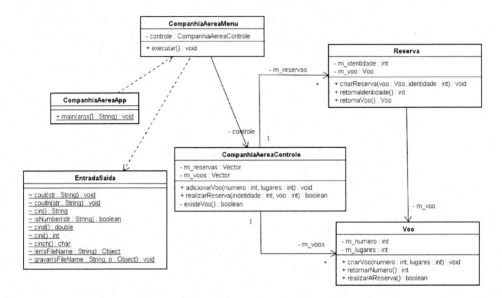

Figura 9.4 – Diagrama de classes para a Companhia Aérea

```
import java.io.IOException;

public class CompanhiaAereaApp {

  public static void main(String args[]) throws IOExcep-
tion {
    CompanhiaAereaMenu menu = new CompanhiaAereaMenu();
    menu.executar();
  }

}
```

```java
import java.io.IOException;
import java.util.Vector;

public class CompanhiaAereaMenu {

  private CompanhiaAereaControle controle = new
            CompanhiaAereaControle();

  public void executar() throws IOException {
     EntradaSaida.coutln("Programa para reserva de Passa-
gens         Aéreas");

     char ch = ' ';

     while(true){
         EntradaSaida.cout("Para encerrar a criação de vôos digite         S ou s: ");
             ch = EntradaSaida.cinch();
         if(ch == 'S' || ch == 's')break;

         EntradaSaida.cout("Digite o Número do Vôo: ");
             int iVoo = EntradaSaida.cini();

         EntradaSaida.cout("Digite o Número de Assentos do Vôo:                ");
             int iAssentos = EntradaSaida.cini();

         controle.adicionarVoo(iVoo, iAssentos);

     }
     ch = ' ';

     while(true){
         EntradaSaida.cout("Para encerrar as reservas digite S ou                s: ");
             ch = EntradaSaida.cinch();
         if(ch == 'S' || ch == 's')break;

         EntradaSaida.cout("Digite o Número do Vôo para realizar a              reserva:");
             int iVoo = EntradaSaida.cini();
```

```
            EntradaSaida.cout("Digite o Número de identidade
do Cliente: ");
            int iIdentidade = EntradaSaida.cini();

         if(controle.realizarReserva(iIdentidade, iVoo)
== false)
                EntradaSaida.coutln("O vôo "+iVoo+" ja esta
lotado ou inexiste...");
            else
                EntradaSaida.coutln("Reserva confirmada.");
    }

    Vector reservas = controle.retornarReservas();

    EntradaSaida.coutln("Listagem de Reservas");

    for(int i=0; i<reservas.size(); i++){
       Reserva r = (Reserva)reservas.get(i);
          EntradaSaida.coutln("Existe uma reserva para
             "+r.retornaIdentidade()+
       " no Vôo "+r.retornaVoo().retornarNumero());
    }

  }

}
```

```
import java.util.Vector;

public class CompanhiaAereaControle {

  private Vector m_reservas = new Vector();

  private Vector m_voos = new Vector();

  public Vector retornarReservas(){
     return m_reservas;
  }
```

```
  public void adicionarVoo(int numero, int lugares) {
    Voo v = new Voo();
    v.criarVoo(numero, lugares);
    m_voos.add(v);
  }
    public boolean realizarReserva(int indetidade, int voo) {
    Voo v = existeVoo(voo);
    if(v != null){
       if(v.realizarAReserva() == false)return false;
       Reserva r = new Reserva();
       r.criarReserva(v,indetidade);
       m_reservas.add(r);
       return true;
       }
    else
       return false;
  }

  private Voo existeVoo(int voo) {
     for(int i=0; i < m_voos.size(); i++){
       Voo v = (Voo)m_voos.get(i);
       if(voo == v.retornarNumero())return v;
       }
     return null;
  }
}
```

```
public class Reserva {
  private int m_identidade;
  private Voo m_voo;

  public void criarReserva(Voo voo, int identidade) {
     m_voo = voo;
     m_identidade = identidade;
  }
  public int retornaIdentidade(){
     return m_identidade;
  }

  public Voo retornaVoo(){
     return m_voo;
  }
}
```

```
public class Voo {

  private int m_numero;

  private int m_lugares;

  public void criarVoo(int numero, int lugares) {
    m_lugares = lugares;
    m_numero = numero;
  }

  public int retornarNumero() {
    return m_numero;
  }

  public boolean realizarAReserva(){
    if(m_lugares > 0){
      m_lugares—;
      return true;
      }
    else return false;
  }

}
```

Capítulo 10

Capítulo 10

Qualidade em Software

10.1 Falando um Pouco Sobre Qualidade em Software

Depois de 20 anos desenvolvendo software só nos últimos anos comecei a ouvir falar de qualidade em software. É estranho porque em todas as áreas existem graduações e avaliações de qualidade, mas em software isso é recente. Ainda hoje tenho dificuldade de compreender o que algumas pessoas caracterizam como qualidade em software. Este é um livro de orientação a objetos; não é um livro de qualidade, mas por isso mesmo achei interessante ter um capítulo sobre o assunto. Depois de ouvir muito concluí que a qualidade de software está intimamente ligada ao código e a tudo que estiver relacionado com ele, como por exemplo: modelo de dados, classes e seus relacionamentos, etc.

O custo do desenvolvimento de software é muito maior na continuidade do que no início. Software é um produto que se assemelha a uma pessoa, nasce menos experiente e vai melhorando com o passar do tempo (pelo menos é o que se espera das pessoas). As regras de negócio mudam; a tecnologia muda o que faz com que o software tenha que mudar também. Já um computador, um livro, um carro nascem prontos e vão se deteriorando com o passar do tempo. O software é um produto vivo que sofre alterações para se adaptar às necessidades do usuário. É por isso que é tão difícil definir a qualidade de um software, porque se ele estiver em uso, em tese ele ainda não está acabado.

Muito se tem dito que a documentação do sistema define a qualidade do software e isso eu não concordo. Acho que a melhor documentação (**não a única**) é o código-fonte, testado, bem modelado, atendendo às necessidades do usuário de forma rápida, fácil e intuitiva. Por isso neste capítulo dedicado à qualidade de software, vamos analisar três aspectos, que são: a padronização do código, os testes unitários e o *refactoring*. Quero deixar uma mensagem para você que está iniciando o aprendizado em orientação a objetos:

> **A qualidade do seu trabalho começa na primeira classe que você cria e só termina quando a última linha for escrita. Pode ser que essa última linha nunca venha a ser escrita porque o software tem vida e enquanto ele estiver sendo usado ele está vivo.**

Sendo assim, você deve "respirar" qualidade o tempo todo, sempre tentando desenvolver o melhor software.

10.2 Por que Padronizar o Código[2]?

Como eu disse anteriormente, o código é um dos principais documentos de um software, podemos eliminar todos os documentos (nunca faça isso), mas não podemos eliminar o código. A orientação a objetos induz a se escrever um código mais bem acabado, e a vontade de fazer um código bem feito deve ser uma preocupação constante durante o desenvolvimento do software. Neste tópico vou apresentar as definições da Sun (no documento *Java* Code Conventions) sobre convenções de código em Java adicionando alguns detalhes que considero importante. Nem tudo o que está no documento foi citado (se você quiser conhecer todo o documento consulte o site deste livro que possui um link para o documento). Mesmo que você esteja utilizando ou pretenda utilizar outra linguagem orientada a objeto, estas definições podem te ajudar.

---

[2] O Eclipse permite uma série de configurações que facilitam o uso de convenção de código para uma equipe. Isso facilita a adoção de convenções e torna automática a escrita de código padronizado

É importante você ter em mente que beleza e harmonia do código-fonte e da modelagem das classes refletem positivamente na qualidade do software.

A seguir algumas razões do porquê da importância em convenções de código para o desenvolvimento de software:

1. 80% do custo de um software vem da manutenção.
2. Dificilmente um software é mantido todo o tempo pelos autores originais.
3. Convenções de código aumentam a facilidade de leitura deste, permitindo que se possa entender o código mais rápido e direto.
4. Se você vende o código-fonte como um produto, você precisa ter certeza de que ele está bem empacotado e, claro, como qualquer outro produto que você faça.

Para convenções de trabalho, todas as pessoas que escrevem código devem seguir as convenções. Eu disse: **Todas as pessoas.**

Todos os exemplos desenvolvidos no livro utilizaram estas convenções, então você tem vários exemplos para se basear.

Escrever um código é como escrever um livro, quem conhece a linguagem que você está utilizando deve ser capaz de ler e entender o que você escreveu. Um bom código não é, necessariamente, um código cheio de comentários etc. Um bom código é um código bem escrito, vamos ver como fazer isso.

10.3 Convenções de Código

10.3.1 Convenções de Nome

A convenção de nomes torna os programas mais fáceis de serem compreendidos e de serem lidos. Eles podem e devem dar informações sobre a função que identificam, por exemplo, o método:

```
public double calcularTaxaDeJurosAnual(){
   ...
}
```

O nome do método dispensa que se comente qual a função dele, isso facilita a documentação e reduz o tempo de desenvolvimento (não é necessário fazer comentários) e amplia a qualidade do programa.

A tabela a seguir mostra as regras para nomear em Java.

Tipo de Identificador	Regras para Nomear	Exemplos
Pacotes	Os pacotes são sempre escritos em letras minúsculas e devem possuir um dos domínios de nível mais alto como: com, edu, gov, mil, net ou org. Os nomes seguintes seguem uma regra interna da corporação e podem identificar divisão, departamento, projeto, máquina ou nomes de login.	edu.oo.livro com.empresa.estoque
Classes	O nome da classe deve ser um substantivo, sendo que a primeira letra deve sempre ser maiúscula. Tente sempre deixar o nome da classe simples e auto-explicativo. Use palavras completas, evite acrônimos e abreviaturas (a menos que a abreviatura possa ser mais explicativa do que uma palavra como por exemplo HTML ou XML). Você pode utilizar palavras com caracteres em português o código não será utilizado por pessoas que não saibam ler português, o que é muito comum.	class Calculadora class Operação class Soma class Divisão

Continuação

Tipo de Identificador	Regras para Nomear	Exemplos
Métodos	Os métodos devem ser verbos que formem frases onde a primeira letra é minúscula e a cada início de uma nova palavra é usada letra maiúscula.	calcularTaxaDeJurosAnual adicionarDadosDeCliente calculaMaiorTotalDeVendasEmReais

Atributos	Os atributos devem ser substantivos que formam frases onde a primeira letra é minúscula e a cada início de uma nova palavra é usada letra maiúscula. Os atributos da classe podem iniciar com as letras 'm_', o que significa que este atributo é membro da classe e facilita a diferenciação de outras variáveis usadas nos métodos como argumentos ou variáveis locais. Além disso, pode-se utilizar um identificador de tipo sempre que possível, como por exemplo:
	♦ letra s para String;
	♦ letra i para (int);
	♦ letra d para doublé;
	♦ letra c para char;
	♦ letra f para float
	e assim por diante. Caso seja um objeto pode escolher duas ou três letras para facilitar a identificação, por exemplo:
	As letras vct para Vector
		Vector m_vctMercadorias = new Vector();
		
		private String m_sNome = "";
		
		private double m_dPreco = 0;
		
		private int m_iQuantidade = 0;

Argumentos e variáveis locais	Deve-se utilizar um identificador de tipo sempre que possível, como por exemplo:
	♦ letra s para String;
	♦ letra i para (int);
	♦ letra d para doublé;
	♦ letra c para char;
	♦ letra f para float
	e assim por diante. Caso seja um objeto pode escolher duas ou três letras para facilitar a identificação, por exemplo:As letras vct para Vector
		double dFaturamento = 0;
		
		int iParcelas = 10;
		
		String sNome = "João da Silva"

Continuação

Tipo de Identificador	Regras para Nomear	Exemplos
Constantes	As constantes devem ser escritas 24;sempre em letra maiúscula com palavras separadas por '_'.	static final int MAX_PARCELAS = static final int MAX_VALORES = 1000; static final int MIN_VALORES = 1;

10.3.2 Práticas de Programação

Não crie um atributo público a menos que você tenha uma boa razão para isso. É claro que métodos públicos deverão existir para que os serviços oferecidos pelo objeto possam ser utilizados mas os atributos só devem ser públicos em último caso. Um exemplo deste caso é quando uma classe tem a única finalidade de armazenar uma estrutura de dados, porém mesmo nestes casos é importante saber que algumas soluções em Java vão pedir métodos set e get para ter acesso a estes atributos.

Constantes não devem ser usadas diretamente no código, a não ser os valores -1, 0 e 1, outros valores devem aparecer como constantes criadas.

Evite referenciar várias variáveis na mesma linha, isso dificulta a leitura.

```
char a, b, c;
a = b = c = 'X';  //  NÃO FAÇA ISTO
```

Não atribua valores em lugares onde ele pode ser facilmente confundido.

```
if(c++ = d++){  // NÃO FAÇA ISSO
    ...
}

if((c++ = d++) != 0){  // PREFIRA ESTA SOLUÇÃO
    ...
}
```

10.3.3 Arquivos

Arquivos nunca devem ultrapassar 2000 linhas, sendo que este tamanho já é um absurdo. Cada classe ou Interface deve estar em um único arquivo, caso seja em C++ em dois arquivos, um para a definição da classe (arquivo header) e outro para os métodos.

Todos os arquivos devem iniciar com um comentário identificando o nome da classe, a versão, data e o copyright. A seguir um exemplo:

```
/* /*******************************************\
 *
 * File:              Calculadora.java
 * Creation date:     04/11/2005
 * Author:            caique
 * Package:           edu.oo.livro
 * Purpose:           Implements the class: Calculadora
 *
 * Copyright 2005, Caique Cardoso
 * Todos os direitos são reservados.A reprodução total ou em parte
 * é proibida sem a autorização por escrito do proprie-
 tário do copyright.
 *
 \*******************************************/
```

A primeira linha que não é um comentário no arquivo deve ser a definição do pacote e em seguida a declaração das importações, veja o exemplo.

```
package edu.oo.livro.Control;
import edu.oo.livro.Model.Divisao;
import edu.oo.livro.Model.Multiplicacao;
import edu.oo.livro.Model.Operation;
import edu.oo.livro.Model.Soma;
import edu.oo.livro.Model.Subtracao;
```

A tabela a seguir mostra as partes das declarações de classes ou interfaces e em que ordem eles devem aparecer.

	Parte da declaração da Classe ou Interface	Notas
1	Comentários referentes à Classe ou à Interface	
2	Declaração da Classe ou Interface	(class ou interface)
3	Atributos da classe finalmente os privados.	Primeiro os atributos públicos, em seguida os protegidos, depois os de nível de pacote e
4	Construtores	
5	Métodos	Os métodos devem ser agrupados por funcionalidade. O objetivo é tornar o código mais fácil de ler

10.3.4 Endentação

Quatro espaços devem ser usados como uma unidade de endentação. As linhas nunca devem ultrapassar 80 caracteres, mas sempre que possível devem ter bem menos que isso. Quando uma linha não couber em 80 caracteres, você pode seguir uma das seguintes regras:

- Quebre depois de uma vírgula

- Quebre antes de um operador

- Prefira quebras de alto nível a quebras de baixo nível

- Alinhe a nova linha com o começo da expressão no mesmo nível da linha anterior

- Se essas regras fizeram o código ficar confuso faça uma endentação de oito espaços.

Alguns exemplos de como quebrar a chamada de métodos.

```
algumMetodo1(primeiroArgumento, segundoArgumento, ter-
ceiroArgumento,
      quartoArgumento, quintoArgumento);

retorno = algumMetodo2(primeiroArgumento,
         algumMetodo3(segundoArgumento,
            terceiroArgumento));
```

A seguir dois exemplos de quebra em operações aritméticas. A primeira é preferível, desde que a quebra ocorra fora da expressão entre parênteses:

```
nomeLongo1 = nomeLongo2 * (nomeLongo3 + nomeLongo4 - no-
meLongo5)
    + 4 * nomeLongo6;  //Dê preferência a este formato

nomeLongo1 = nomeLongo2 * (nomeLongo3 + nomeLongo4
    - nomeLongo5) + 4 * nomeLongo6;  //Evite
```

A seguir são apresentados dois exemplos de endentação para declaração de métodos.

```
// Endentação convencional
algumMetodo(int iArg, Object outroArgumento, String sU-
maString,
    Object maisUmArgumento){
 ...
}

// Endentação com 8 espaços para evitar endentação muito
profunda
private static synchronized umMetodoComNomeMuitoGrande(int
iArg,   Object outroArgumento, String sUmaString,
    Object maisUmArgumento){
 ...
}
```

A endentação de if deve ser feita utilizando oito espaços ao invés de quatro porque facilita a leitura, veja o exemplo:

```
if((condição1 && condição2)
    || (condição3 && condição4)
    ||!(condição5 && condição6){  // Estas quebras difi-
cultam a
    façaAlgumaCoisaAgora();       // leitura desta linha
}
```

```
//Ao invés use este tipo de endentação
if((condição1 && condição2)
        || (condição3 && condição4)
        ||!(condição5 && condição6){
    façaAlgumaCoisaAgora();
}
// Ou esse
if((condição1 && condição2)|| (condição3 && condição4)
        ||!(condição5 && condição6){
    façaAlgumaCoisaAgora();
}
```

10.3.5 Comentários

Em Java existem duas formas de se adicionar comentários que são: o comentário de implementação (que também existe em C++) utiliza /* ....*/ ou // .... e o comentário de documentação (que é exclusivo de Java) que utiliza /** .... */. Os comentários de documentação podem ser extraídos para HTML através da ferramenta javadoc.

Os comentários devem ser utilizados com moderação, algumas empresas proíbem o uso de comentário, mas por quê?

O código deve sempre ser auto-explicativo, ou seja, deve-se utilizar nome de métodos e de atributos que diga qual é a finalidade do método e do atributo.

Assim como nome de classes. Além disso, as classes devem ter responsabilidades bem definidas. Sendo assim o comentário só deve ser utilizado em duas situações: Assim como nome de classes. Além disso as classes devem ter responsabilidades bem definidas. Sendo assim o comentário só deve ser utilizado em duas situações:

1. O algoritmo necessita de explicação para que possa ser compreendido ou

2. O comentário serve de documentação, principalmente para métodos públicos que servem de interface com a classe ou o pacote.

Fora isso deve ser evitado, uma vez que comentários consomem tempo e obviamente custa dinheiro. Lembre-se, você está escrevendo um programa em uma linguagem e deve ter sempre em mente que alguém irá ou poderá ler o que você está escrevendo e se essa pessoa conhece a linguagem não deveria ser necessárias explicações sobre o que está escrito.

10.4 Testando as Classes Desenvolvidas

Uma das coisas mais importantes no desenvolvimento de software é o teste do que está sendo desenvolvido. Alguns processos de desenvolvimento como o eXtreme Programming (XP), sugerem que os testes sejam desenvolvidos antes da implementação do código. Este processo é chamado de "desenvolvimento orientado a testes". Os testes são desenvolvidos e executados, como o código não foi implementado, todos falham. Neste ponto inicia-se a implementação do código até que todos os testes sejam executados e não produzam erros. Não é intenção neste livro apresentar processos de desenvolvimento de software vamos nos ater a necessidade de se testar o que foi feito e para isso vamos falar sobre o teste unitário. O teste unitário é o desenvolvimento de programas que irão utilizar as classes em desenvolvimento. É claro que estes programas levam tempo para serem desenvolvidos, mas eles garantem que a classe desenvolvida está fazendo o que dela se espera.

Podemos desenvolver testes unitários criando um pequeno programa que utilize e faça o teste somente daquilo que queremos. No exemplo a seguir temos uma classe chamada TesteDivisão que executa alguns testes na classe

Divisão. Esta classe possui um método main e pode ser executa sem que seja necessário executar o programa todo.

```
package edu.oo.livro.model;

public class TesteDivisão {

  public static void main(String[] args) {
    Divisão div = new Divisão();
    div.ajustaValores(10,2);
    String s = div.calcular();
    if(s.compareTo("A divisão é:5.0") != 0)
       System.out.println("erro dividindo 10 por 2, resposta: "+s);
    else
       System.out.println("divisão de 10 por 2 ok, resposta: "+s);
    div.ajustaValores(10,0);
    s = div.calcular();
    if(s.compareTo("Erro de divisão por zero") != 0)
       System.out.println("erro dividindo 10 por 0, resposta: "+s);
    else
       System.out.println("divisão de 10 por 0 ok, resposta: "+s);

  }

}
```

10.5 O JUnit

Uma forma mais adequada de se desenvolver testes unitários é utilizando a ferramenta JUnit para Java (ou CPPUnit para C++). O princípio é o mesmo do anterior, porém o JUnit já está integrado por exemplo à ferramenta Eclipse e permite um uso mais adequado, inclusive com interface gráfica. As figuras a seguir mostram como gerar o teste de divisão utilizando o JUnit no Eclipse e o código da classe de teste.

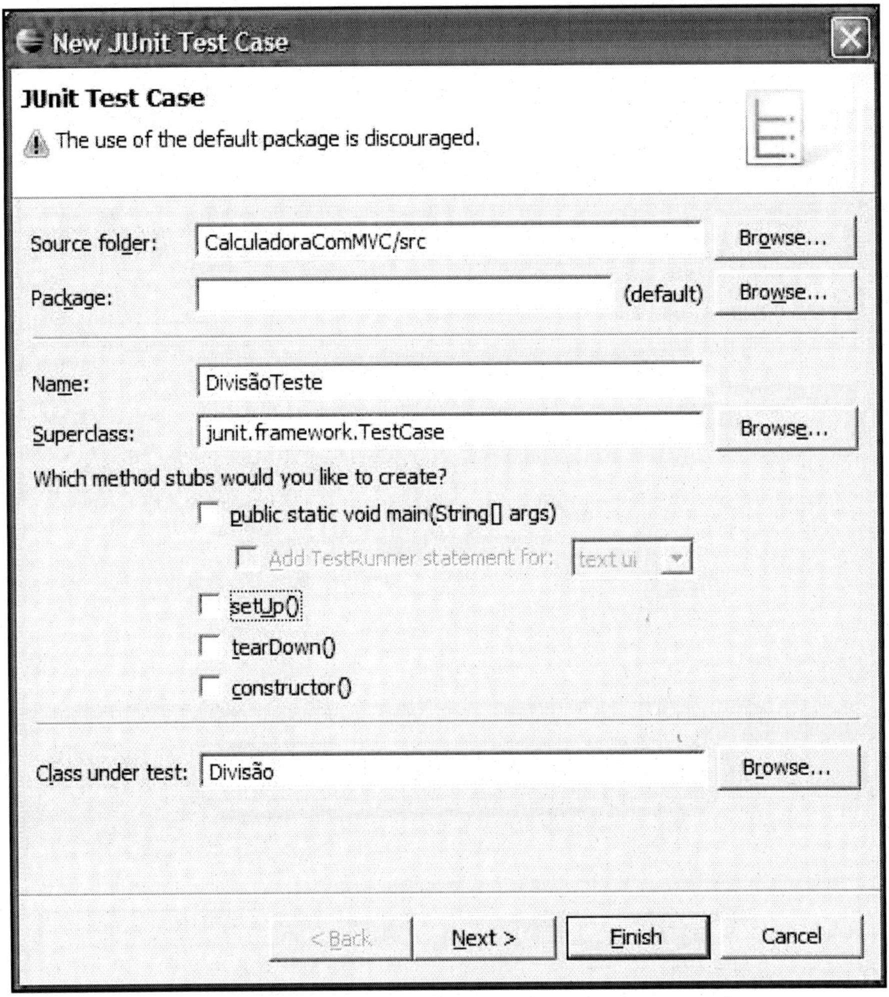

Capítulo 10 – Qualidade em Software | 135

Figura 10.1 – Criando uma classe de teste unitário com JUnit no Eclipse (passo 1)

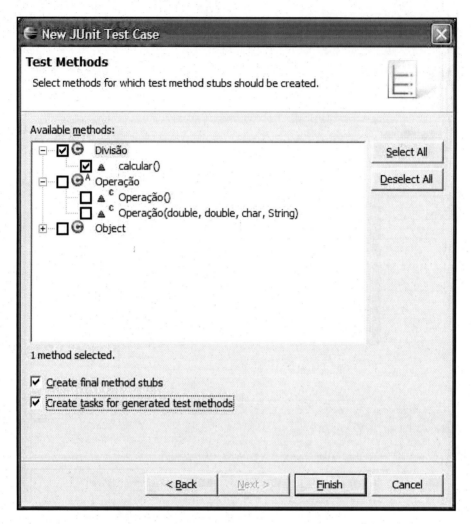

Figura 10.2 – Criando uma classe de
teste unitário com JUnit no Eclipse (passo 2)

A seguir é mostrado o código gerado automaticamente, veja que a classe de teste criada estende da classe TestCase do pacote do JUnit.

Capítulo 10 – Qualidade em Software | 137

```
public class DivisãoTeste extends TestCase {

  /*
   * Test method for 'Divisão.calcular()'
   */
  public final void testCalcular() {
    // TODO Auto-generated method stub


  }

}
```

A seguir está o código desenvolvido para testar o método calcular da classe Divisão.

```
public class DivisãoTeste extends TestCase {

  /*
   * Test method for 'Divisão.calcular()'
   */
  public final void testCalcular() {
    // TODO Auto-generated method stub
    Divisão div = new Divisão();
    div.ajustaValores(10,2);
    String sRetorno = div.calcular();
    assertEquals("A divisão é:5.0",sRetorno);

    div.ajustaValores(9.87654321,1.23456789);
    sRetorno = div.calcular();
    assertEquals("A divisão é:8.0000000729",sRetorno);


    div.ajustaValores(10,0);
    sRetorno = div.calcular();
    assertEquals("Erro de divisão por zero",sRetorno);
  }

}
```

A figura a seguir mostra a janela do JUnit mostrando a execução dos testes sem erro.

Figura 10.3 – O resultado do teste executado no JUnit

10.6 *Refactoring*

A palavra refactoring significa em linhas gerais fabricar de novo, ou seja, refazer o código, o modelo etc. A idéia é trabalhar o código sempre tentando melhorá-lo, buscando aumentar a qualidade do programa. O uso de testes unitários automatizados facilita o refactoring, pois sempre será possível executar todos os testes e manter o sistema funcionando da mesma forma. A ferramenta Eclipse executa uma série de ações de refactoring automaticamente, atualizando todas as classes do projeto. Lembrando mais uma vez que no site www.kiq.com.br/oonapratica existe um tutorial do Eclipse, inclusive mostrando como se faz refactoring.

Capítulo 11

Capítulo 11

Projeto Orientado a Objetos

Neste capítulo estaremos finalizando a nossa jornada pela orientação a objetos. (No capítulo seguinte falaremos dos próximos passos no seu aprendizado em orientação a objetos). Vamos analisar e resumir as principais características que vimos e apresentar algumas práticas que você deve adotar para desenvolver seus programas.

Espero que tenha aproveitado o livro e possa iniciar, ou continuar, a desenvolver projetos utilizando todas as características da orientação a objetos.

Vimos durante o estudo no livro que o paradigma da orientação a objetos requer uma análise prévia sobre o problema. Esta talvez seja a diferença fundamental em projetos orientados a objetos e os não orientados. Nos orientados o foco está no problema, é necessário entender o problema, analisá-lo, "mergulhar de cabeça", para poder compreender ao máximo o problema e aí projetar a solução. Projetos não orientados a objetos tendem a ser focados na solução, o que à princípio parece ser a melhor solução. Porém sabemos que o maior esforço e custo está em atualizar e manter o programa e não em construí-lo.

Aqui vão algumas dicas para o desenvolvimento orientado a objetos.

1. Analise o problema todo o tempo que for possível, talvez você não tenha muito tempo, mas tente aproveitá-lo ao máximo.

2. As classes e seus relacionamentos, que também podemos chamar de diagrama de classes ou ainda de modelagem não são necessariamente fixas, estáticas. Você pode criar e depois mudar, e mudar novamente. Faça refactoring não só do código, mas também na modelagem. Trabalhe no sentido de ter o melhor modelo, as classes com responsabilidades claras e os relacionamentos realizados de forma adequada.

3. Mude para melhorar.

4. Não tenha preguiça, se for necessário mudar.

5. Não tenha medo da mudança.

6. Cuide do seu projeto como uma pessoa que lapida um diamante, faça sempre melhor, a cada dia.

7. Teste. Faça testes, teste tudo que for possível testar. Testes unitários, testes de conformidade, testes de aceitação, testes de stress. Não tenha preguiça de testar. O teste irá garantir a qualidade da execução do programa de acordo com as solicitações do cliente.

8. Invista na sua carreira. Seja curioso, tente sempre aprender novos métodos, utilizações, características de orientação a objetos. Tem muita coisa boa sendo desenvolvida.

9. E finalmente, orientação a objetos é um desafio. Se você gosta de desafios; então é para você.

Para demonstrar a força da orientação a objetos vamos analisar a última versão da calculadora. Até aqui utilizamos a interface de console para ler os dados e para mostrar o resultado. Vamos aqui mudar para uma interface gráfica utilizando a classe de Java chamada JFrame. Como a intenção não é o estudo da linguagem analisaremos a parte do código que apresenta o que deve ser feito para alterarmos o visual da calculadora. Estude o código do projeto no pacote de projetos do livro para mais detalhes.

A listagem a seguir mostra a classe CalculadoraGrafica que irá substituir a classe Calculadora do capítulo anterior.

Capítulo 11 – Projeto Orientado a Objetos | 143

```
public class CalculadoraGrafica {

  public static void main(String[] args) {
    CalculadoraFrame frame = new CalculadoraFrame();
    frame.initialize();
  }

}
```

Note que agora ao invés de chamar a classe CalculadoraMenu é chamada a Classe CalculadoraFrame.

Parte da classe CalculadoraFrame é mostrada a seguir. Foi dada ênfase nas partes do código que fazem associação com o restante da calculadora já desenvolvida.

```
public class CalculadoraFrame extends JFrame {

    // OMITIDO
(A) private Controle control = new Controle();// Associação

(B) private void Execute(){
        if(control != null){
(C)         double dValue1 = Double.parseDouble(m_jtfValue1.getText());
(D)         double dValue2 = Double.parseDouble(m_jtfValue2.get-
Text());
(E)         String sResult = control.calcular(option,dValue1,dV
alue2);

(F)         m_jtfResult.setText(sResult);
        }
    }

    // OMITIDO
}
```

O código omitido esta relacionado com a construção da janela gráfica. A classe CalculadoraFrame herda da classe JFrame que é uma da classes Java responsável pela criação de janelas no pacote swing. A linha (A) mostra a construção do objeto control da mesma classe Controle que havíamos desenvolvido até o capítulo 8. Na linha (B) está o método que será chamado sempre que um dos botões forem pressionados (+, -, / ou *). As linhas (C) e (D) mostram o uso da classe Double de Java para transformar uma String dos campos Value1 e Value2 em double. A linha (E) é a chamada do método calcular já existente passando os parâmetros e recebendo a resposta do cálculo. E finalmente a linha (F) é passada a string para o campo Result que apresenta o resultado.

Esta mudança mostra que alteramos uma parte considerável do nosso projeto, o pacote visual (view), e alteramos a forma de utilizá-lo, porém aproveitando todo o código que já havia sido desenvolvido, integralmente. Agora a parte visual da calculadora fica como mostrada na figura a seguir.

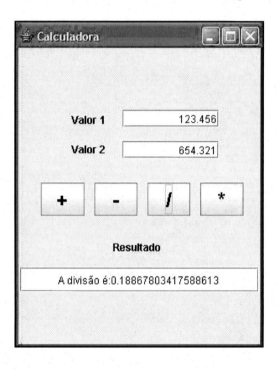

Figura 11.1 – A calculadora com interface gráfica

A figura a seguir mostra o diagrama completo da calculadora com interface gráfica com todos os relacionamentos.

Capítulo 11 – Projeto Orientado a Objetos

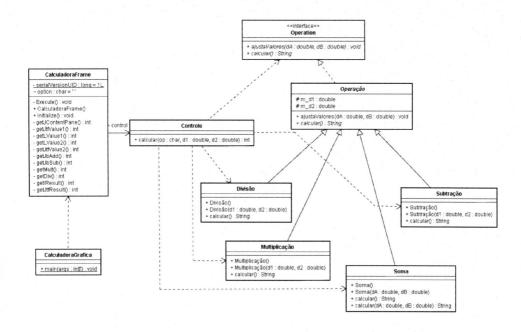

Figura 11.2 – Diagrama completo da calculadora com interface gráfica

Compare este diagrama com o primeiro diagrama que fizemos; a figura 3.1 onde tínhamos somente uma classe que executava as quatro operações. O resultado é fazer cálculos, mas o projeto mudou radicalmente. É claro que não vimos tudo isso para desenvolver calculadoras e sim projetos muitos mais complexos, onde a força da orientação a objetos irá facilitar o seu trabalho de desenvolvimento.

Você está convidado a sempre visitar o site do livro www.kiq.com.br/oonapratica, além de todo o código-fonte deste livro você encontrará ferramentas, artigos, *links* e outras informações para complementar e continuar o seu aprendizado. Só me resta desejar a você **sucesso profissional.**

Capítulo 12

Capítulo 12

Padrões de Projeto
Os Próximos Passos...

12.1 O que São Padrões de Projeto (*Design Patterns*)?

Vamos neste capítulo falar sobre os passos seguintes no desenvolvimento de projetos orientados a objeto de alta qualidade. Estaremos tocando no que existe de mais avançado em orientação a objetos na atualidade que é o uso de padrões de projeto. Existem vários livros sobre padrões de projeto e a intenção aqui não é repetir o conteúdo destes livros, mas passar para o estudante que está iniciando no desenvolvimento de projetos orientados a objetos a noção e a razão do uso de padrões.

Para isso escolhi alguns padrões conhecidos e desenvolvi alguns exemplos para mostrar como podemos resolver problemas comuns de uma forma rápida, eficiente e elegante.

Mas vamos lá, o que são estes padrões de projeto ou desing patterns? Em todo o ramo da vida profissional existem padrões. Os padrões permitem que possamos utilizar produtos que são criados seguindo regras pré-estabelecidas. O número do tênis; os pedais, volante e câmbio dos carros; o teclado do computador; e uma série de padrões de produtos facilita sua utilização. No desenvolvimento de projetos, sejam quais projetos forem, é possível definir padrões para facilitar a construção do projeto.

Vamos analisar os projetos da área de construção civil (da qual sou um mero usuário). Para se construir uma casa deve-se seguir um conjunto de padrões, como por exemplo: a definição de áreas molhadas como banheiro e cozinhas que possuem um revestimento diferente, ou ainda as instalações hidráulicas e elétricas que precisam atender a várias normas e padrões, inclusive no que dizem respeito à segurança.

Os padrões de projeto em desenvolvimento de software estão relacionados a utilização de arquitetura de classes para problemas conhecidos. Isso faz com que um desenvolvedor novato possa utilizar-se de padrões e desenvolver um código tão bom quanto um desenvolvedor com anos de experiência.

Estude estes padrões e veja que tudo o que vimos até aqui será aplicado na solução padrão de um problema, e claro, quando surgirem os problemas reais, adaptações poderão e deverão ser feitas.

12.2 Alguns Exemplos de Padrões de Projeto

Os padrões mais conhecidos são, no total 23, neste livro iremos analisar os que, considero mais simples, mas muito poderosos, num total de 8 padrões. É importante você estudar os outros padrões de projeto para poder utilizá-los nos seus, aqui damos apenas um empurrão para que você possa começar a utilizá-los.

12.2.1 Façade

Este padrão é um dos mais simples e dos mais utilizados em quase todos os tipos de projeto. A intenção é isolar partes do código de modo a permitir que estas partes possam ser implementadas e testadas individualmente e ainda possam ser reutilizadas em outros projetos. O uso do padrão façade torna o projeto muito elegante e facilita a compreensão.

"Objetivo: Oferecer uma interface única para um conjunto de interfaces de um subsistema. Façade define uma interface de nível mais elevado que torna o subsistema mais fácil de usar " Group of Four ou GoF][3].

Veja na figura a seguir que temos no projeto da calculadora uma nova classe chamada Facade que "isola" as classes do pacote para o mundo externo, desta forma é possível alterar, corrigir, evoluir etc. as classes internas do pacote, ficando transparente para o cliente.

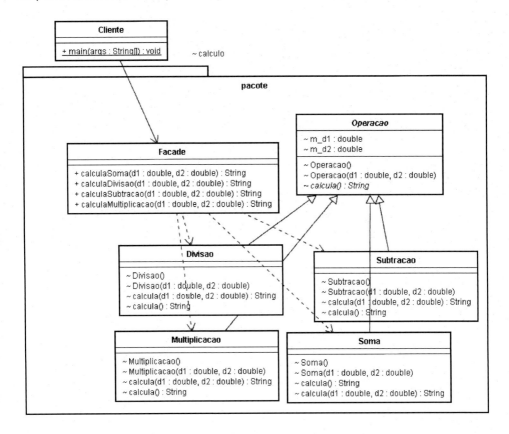

Figura 12.1 – Exemplo do padrão Façade

---

[3] Ficou conhecido como Grupo dos Quatro (Group of Four) o autores do livro Padrões de Projeto que são Erich Gama, , , e vamos referenciá-los daqui por diante como GoF.

Analise o código da classe Facade a seguir. Existem outras formas de implementar este padrão, porém a intenção será sempre a mesma.

```java
package Facade.pacote;
public class Facade {
  public String calculaSoma(double d1, double d2){
    Soma s = new Soma();
    return s.calcula(d1,d2);
  }
  public String calculaDivisao(double d1, double d2){
    Divisao d = new Divisao();
    return d.calcula(d1,d2);
  }

  public String calculaSubtracao(double d1, double d2){
    Subtracao s = new Subtracao();
    return s.calcula(d1,d2);
  }
  public String calculaMultiplicacao(double d1, double d2)
  {
    Multiplicacao m = new Multiplicacao();
    return m.calcula(d1,d2);
  }
}
```

12.2.2 Factory Method

A intenção do padrão Factory Method é permitir que alguém seja especializado em criar objetos que resolvam problemas do cliente sem que o cliente necessite saber qual é o objeto, ou quais são as suas características.

> "Objetivo: Definir uma interface para criar um objeto, mas deixar que subclasses decidam que classe instanciar. Factory Method permite que uma classe delegue responsabilidade de criação a subclasses" [GoF].

Analise o código a seguir da classe OperationFactory. A figura a seguir mostra o diagrama de classes com o relacionamento desta classe.

```
package FactoryMethod.operationfactory;
public class OperationFactory {

  public static Operacao getOperation(String sOperation)
{
    if(sOperation.compareToIgnoreCase("soma") == 0)
                return new Soma();
    else
    if(sOperation.compareToIgnoreCase("mult") == 0)
                return new Multiplicacao();
    else
    if(sOperation.compareToIgnoreCase("div") == 0)
                return new Divisao();
    else
    if(sOperation.compareToIgnoreCase("sub") == 0)
                return new Subtracao();
    return null;
  }
}
```

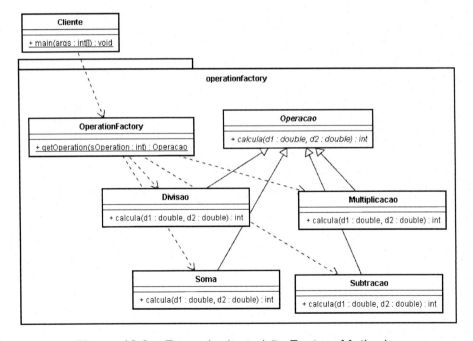

Figura 12.2 – Exemplo do padrão Factory Method

12.2.3 Adapter

Este padrão permite a adaptação de uma classe, ou conjunto de classes a uma outra que o cliente desta(s) classe(s) espera.

> "Objetivo: Converter a interface de uma classe em outra interface esperada pelos clientes. Adapter permite a comunicação entre classes que não poderiam trabalhar juntas devido à incompatibilidade de suas interfaces" [GoF].

Analise a classe mostrada a seguir chamada ClasseExistente.

```
package Adapter;

public class ClasseExistente {

  protected void metodoUtil(String texto){
     System.out.println(texto);
  }
}
```

Esta classe possui um método chamado metodoUtil que recebe e imprime uma mensagem, porém a classe Cliente a seguir chama um método com o mesmo nome de outra classe (chamada OutraClasse). Vamos supor que os métodos sejam equivalentes, porém a mensagem não é enviada originalmente. O que devemos fazer? Criamos o adaptador. Fazemos uma classe de adaptação que permita a classe Cliente utilizar a nova classe.

```
package Adapter;

public class Cliente {

  static OutraClasse alvo = null;
  static void executaAlvo(){
     alvo = new OutraClasse();
     alvo.metodoUtil();
  }
```

```
    public static void main(String[] args) {
       executaAlvo();
    }

}
```

A seguir a alteração feita na classe Cliente, utilizando uma interface chamada Alvo.

```
package Adapter;

public class Cliente {

  static Alvo alvo = null;
  static void executaAlvo(){
     alvo = new Adaptador();
     alvo.metodoEsperado();
  }
  public static void main(String[] args) {
     executaAlvo();
  }
}
```

A listagem a seguir mostra a interface Alvo.

```
package Adapter;

public interface Alvo {
  void metodoEsperado();
}
```

A classe Adaptador é responsável por fazer a ligação entre a ClasseExistente e o Cliente. Note que a classe Adaptador possui um método chamado metodoEsperado que chama o metodoUtil da classe ClasseExistente (a classe Adaptador herda as características da ClasseExistente) e implementa a interface Alvo.

```
package Adapter;

public class Adaptador extends ClasseExistente imple-
ments Alvo {
  public void metodoEsperado() {
    metodoUtil("Operacao Realizada");
  }
}
```

A classe MouseAdapter da linguagem Java utiliza este padrão para permitir criar nossas próprias classes que recebem mensagens das ações do mouse.

A figura a seguir mostra o diagrama com as classes e o relacionamento.

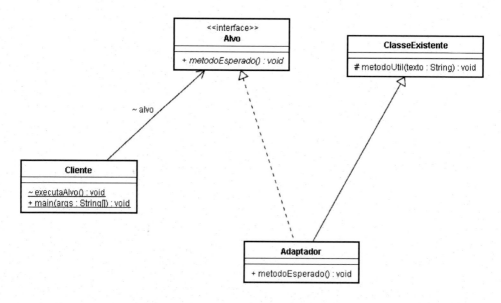

Figura 12.3 – Exemplo do padrão Adapter

12.2.4 Composite

Este padrão permite a criação de árvores de objetos e o tratamento individual ou em grupo destes, isso facilita o acesso a todos os níveis da árvore.

Capítulo 12 – Padrões de Projeto | 157

"Objetivo: Compor objetos em estruturas de árvore para representar hierarquias todo-parte. Composite permite que clientes tratem objetos individuais e composições de objetos de maneira uniforme" [GoF].

Vamos inicialmente definir um componente para a árvore e chamá-lo de componente, analise o código a seguir. A classe abstrata Component define um método abstrato chamado calculate que receberá dois números.

```
package Composite;
public abstract class Component {
  abstract void calculate(double d1,double d2);
}
```

Analise as duas classes a seguir FinalPoint1 e FinalPoint2, elas representam extremos de uma árvore que realiza cálculos, não nos preocuparemos com quais tipos de cálculos, é somente um exemplo. Note que as duas classes herdam da classe Component.

```
package Composite;

public class FinalPoint1 extends Component {

  double calculate(double d1, double d2) {
    double d = Math.sin(d1) + Math.cos(d2);
    return d;
  }

}
```

```
package Composite;
public class FinalPoint2 extends Component {

  double calculate(double d1, double d2) {
    double d = Math.sqrt(d1) + Math.sqrt(d2);
    return d;
  }

}
```

Agora analise a classe Composition, que também herda de Component, ou seja, é um tipo de Component, mas que possui um conjunto de componentes, nesse caso um vetor de componentes.

```java
package Composite;

import java.util.Vector;

public class Composition extends Component {
  private Vector m_vctComponent = new Vector();

  double calculate(double d1, double d2) {
     double d = 0;
     for(int i=0; i<m_vctComponent.size(); i++){
        d+=   ((Component)m_vctComponent.get(i)).calculate(d1,d2);
     }
     return d;
  }

  void add(Component c){
     m_vctComponent.add(c);
  }

  void remove(Component c){
     m_vctComponent.remove(c);
  }

  Component getChild(int i){
     return((Component)m_vctComponent.get(i));
  }
}
```

Analise agora o exemplo do cliente utilizando estes componentes, sejam eles em grupo ou individualmente.

Capítulo 12 – Padrões de Projeto

```
package Composite;
public class Client {

  public static void main(String[] args) {
    Component c1 = new FinalPoint1();
    Component c2 = new FinalPoint2();

    Composition comp = new Composition();
    comp.add(c1);
    comp.add(c2);

    Component c3 = comp;

    c1.calculate(0.123, 0.789);
    c2.calculate(0.123, 0.789);
    c3.calculate(0.123, 0.789);
  }
}
```

A figura a seguir mostra o diagrama com as classes e os relacionamentos, veja que a classe Composition tem um relacionamento "1" para muitos (1 ->*) com a classe abstrata Component.

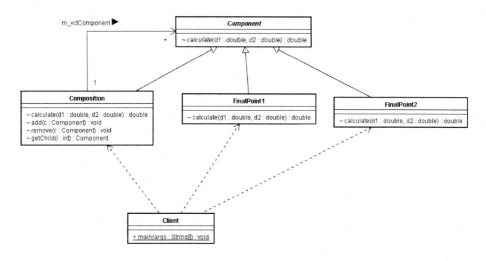

Figura 12.4 – Exemplo do padrão Composite.

12.2.5 Singleton

Em algumas situações precisamos que uma classe só possa ser instanciada (um único objeto na memória) uma única vez, por exemplo, para armazenar informações de status do programa. Sendo assim, quando a classe for criada pela primeira vez ela será instanciada e os próximos clientes utilizaram este mesmo objeto. Singleton é muito simples e muito eficiente.

> "Objetivo: Garantir que uma classe tenha uma única instância, e prover um ponto de acesso global a ela" [GoF].

Analise o código a seguir. Note que a classe Singleton possui uma referência a ela própria chamada instance que é estática e privada. O método getInstance verifica a existência do objeto, se não existir (igual a null), ele é criado, caso contrário ele retorna a instância criada anteriormente.

```java
package Singleton;
public class Singleton {
  private String m_sName = "None";
  static private Singleton instance = null;

    private Singleton(){
  }

  static public Singleton getInstance(){
  if(instance == null){
    instance = new Singleton();
    }
  return instance;
  }

  public void setName(String s){
    m_sName = s;
  }

  public String getName(){
    return m_sName;
  }
}
```

Analise o código a seguir. A classe Client a seguir pede a instância da classe Singleton duas vezes.

```java
package Singleton;

public class Client {

  public static void main(String[] args) {
    Singleton c1 = Singleton.getInstance();
    c1.setName("Primeiro");
    Singleton c2 = Singleton.getInstance();
    c2.setName("Segundo");
    System.out.println(c1.getName());
    System.out.println(c2.getName());
  }
}
```

Os objetos c1 e c2 na realidade são os mesmos. O resultado da execução desse código seria:

```
Segundo
Segundo
```

A figura a seguir mostra o diagrama de classes do exemplo apresentado.

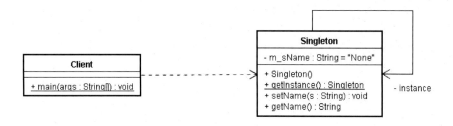

Figura 12.5 – Exemplo do padrão Singleton

12.2.6 Observer

Muitas vezes é necessário alterar estados de um objeto em função da mudança do estado de um outro objeto. O padrão Observer cria os tipos: "observável", ou seja, uma classe que permite observar (verificar) o estado, e "observador", ou seja, uma classe que observa (analisa) o estado de um outro objeto "observável". Caso haja alguma alteração ela será percebida pelos objetos que a estão observando.

> "Objetivo: Definir uma dependência "1" para muitos entre objetos para que quando um objeto mudar de estado, todos os seus depen-
> -dentes sejam notificados e atualizados automaticamente."[GoF]

Vamos analisar o diagrama mostrado na figura a seguir. Temos uma interface Observer (Observador) que define as características de que irá observar. A classe Observable (Observável) possui uma lista de observadores (Observer) e que podem ser adicionados ou removidos da lista. Além disso, possui o método notifyOberservers que irá notificá-los quando necessário. A classe ObservableData possui um objeto qualquer chamado Data (Dados) que pode ser alterado por setData ou retornado por getData.

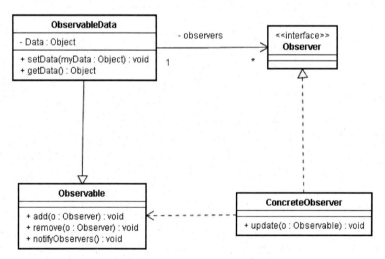

Figura 12.6 – Exemplo do padrão Observer

A classe ConcreteObserver, que implementa a interface Observer, é um observador e possui o método update onde recebe um objeto Observable. Analise o código a seguir.

```java
package Observer;
public interface Observer {
  public void update(Observable o);
}
```

```java
package Observer;
public class ConcreteObserver implements Observer {

  public void update(Observable o) {
    ObservableData data = (ObservableData) o;
    data.getData();
  }

}
```

Veja no método notifyObservers como é feita a notificação dos observadores.

```java
package Observer;

import java.util.Vector;
public class Observable {

  Vector observers = new Vector();

  public void add(Observer o){
    observers.add(o);
  }

  public void remove(Observer o){
    observers.remove(o);
  }
```

```
public void notifyObservers(){
   for(int i=0; i<observers.size();i++){
      Observer o = (Observer)observers.get(i);
      o.update(this);
   }
  }
}
```

Note na classe ObservableData que quando os dados (Data) são alterados em setData e os observadores são notificados.

```
package Observer;
public class ObservableData extends Observable {
  private Object Data;

  public void setData(Object myData){
     Data = myData;
     notifyObservers();
  }

  public Object getData(){
     return Data;
  }
}
```

12.2.7 Template Method

Duplicar código sabe-se que é prejudicial ao projeto. Para modelarmos adequadamente temos que compartilhar o que é comum, mas e quando precisamos compartilhar partes de um algoritmo? O padrão Template Method permite que as partes comuns do método estejam na classe "Mãe" e as partes específicas seja desenvolvidas pelas classes "Filhas" correspondentes.

> "Objetivo: Definir o esqueleto de um algoritmo dentro de um método, deixando algumas partes para serem definidas pelas subclasses. Template Method permite que suas subcasses redefinam certos passos do algoritmo sem mudar a sua estrutura."[GoF]

Capítulo 12 – Padrões de Projeto | 165

Para ilustrar vamos supor que precisamos apresentar dois arquivos texto, um no formato HTML e outro no formato XML (se você não conhece estes formatos não tem problema, são arquivos texto utilizando por web browsers como forma de apresentar informações). Estes arquivos possuem algumas características diferentes de formatação. Veja os exemplos a seguir, onde é apresentada a forma que cada padrão mostra um endereçamento.

```
Formato HTML: <a href = 'http://www.empresa.com'>empresa</a>

Formato XML: <endereco xlink:href='http://www.empresa.com'>empresa</endereco>
```

Apesar de ser o mesmo endereço web (www.empresa.com) a formatação é diferente. Analise o código a seguir da classe Template.

```
package TemplateMethod;

public abstract class Template {
  abstract String link(String texto, String url);
  abstract String transform(String texto);
  String templateMehtod(){
     String msg = link("Empresa", "http://www.empresa.com");
     return transform(msg);
  }
}
```

A classe Template possui dois métodos abstratos (link e transform) que deverão ser implementados pelas classes filhas. Possui ainda um método chamado templateMethod que chama os métodos link e transform, mas como se eles são abstratos? Será executado o método da classe Filha, onde estará a formatação correta para o endereço.

Analise as duas classes a seguir, uma para HTML e outra para XML.

```
package TemplateMethod;
public class HTMLData extends Template {

  public String link(String texto, String url) {
    return "<a href = '"+url+"'>"+texto+"</a>";
  }
  public String transform(String texto){
    return "Formato HTML: " + texto.toLowerCase();
  }

}
```

```
package TemplateMethod;

public class XMLData extends Template {
  public String link(String texto, String url) {
    return "<endereco xlink:href='"+url+"'>
                "+texto+"</endereco>";
  }

  public String transform(String texto){
    return "Formato XML: " + texto.toLowerCase();
  }

}
```

Para obtermos o resultado mostrado anteriormente devemos utilizar a seguinte classe.

```
package TemplateMethod;

public class Client {

  public static void main(String[] args) {

    HTMLData html = new HTMLData();
    System.out.println(html.templateMehtod());
    XMLData xml = new XMLData();
    System.out.println(xml.templateMehtod());
  }
}
```

A figura a seguir mostra o diagrama de classes para o padrão Template Method.

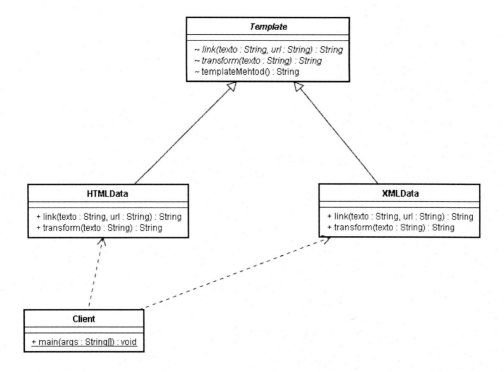

Figura 12.7 – Exemplo do padrão Template Method

12.2.8 State

Objetos, via de regra, armazenam estados diferentes dependendo da execução do programa. A intenção do padrão State é armazenar o estado em objetos diferentes que executem funções diferentes, dependendo obviamente do estado em que se encontra.

> "Objetivo: Permitir a um objeto alterar o seu comportamento quando o seu estado interno mudar. O objeto aparentará ser de outra classe"[GoF].

Analise o código a seguir. A interface estado possui um único método chamado miar.

```
package State;
public interface Estado {
  void miar();
}
```

Agora vamos analisar classes que implementam a interface Estado. As classes EstadoVivo e EstadoMorto têm ações diferentes para miar. Assim como a classe EstadoHumando (se é que é possível este estado...)

```
package State;

public class EstadoVivo implements Estado {

  public void miar() {
    System.out.println("Miaauuuuuu!!!");
  }

}
```

```
package State;

public class EstadoMorto implements Estado {
  public void miar() {
    System.out.println("Buu!");
  }

}
```

```
package State;

public class EstadoHumano implements Estado {

  public void miar() {
    System.out.println("Olá bom dia! Como vai você?");
  }

}
```

Agora vamos criar uma classe Gato que possui uma referência de Estado. Note que o estado do gato pode mudar alterando-se a referência m_estado através do método setEstado.

```java
package State;

public class Gato {
  Estado m_estado = null;

  void setEstado(Estado estado){
     m_estado = estado;
  }

  void miar(){
     if(m_estado != null)
         m_estado.miar();
  }
}
```

Analise o código da classe Client a seguir onde o estado do objeto é alterado e o comportamento do método é miar da classe Gato é totalmente diferente.

```java
package State;

public class Client {

  public static void main(String[] args) {
     EstadoVivo vivo = new EstadoVivo();
     EstadoMorto morto = new EstadoMorto();
     EstadoHumano humano = new EstadoHumano();

     Gato g = new Gato();
     g.setEstado(vivo);
     g.miar();

     g.setEstado(humano);
     g.miar();

     g.setEstado(morto);
     g.miar();

  }
}
```

O resultado da execução é:

```
Miaauuuuuu!!!
Olá bom dia! Como vai você?
Buu!
```

A figura a seguir mostra o diagrama de classes para o padrão State.

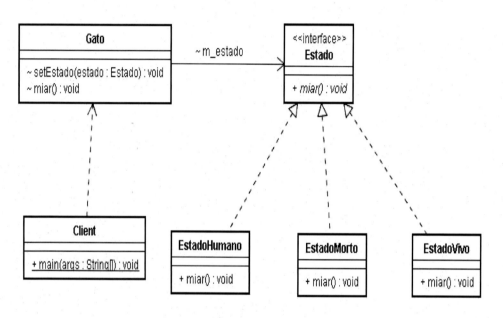

Figura 12.8 – Exemplo do padrão State.

Bibliografia

Bibliografia

Referências Bibliográficas e Sites

13.1 Sites

1. Site deste livro, onde você encontra estes e outros links: www.kiq.com.br/oonapratica

2. Site do livro "UML na Prática": www.kiq.com.br/umlnapratica

3. Site da Editora Ciência Moderna: www.lcm.com.br

4. Site do Eclipse: www.eclipse.org

5. Site do Jude: http://jude.change-vision.com/jude-web/product/community.html

6. Site do Java 5 da Sun: http://java.sun.com/javase/downloads/index.html

7. Site do eXtreme Programming no Brasil: www.xispe.com.br

13.2 Livros e Artigos

1. CARDOSO, Caique, "UML na Prática – Do Problema ao Sistema", Editora Ciência Moderna, 2003. 2ª. Edição 2006.

2. CARDOSO, Carlos Henrique Rodrigues, "PraticOO – Método para o Aprendizado de Orientação a Objetos por estudantes de Engenharia", Global Congress Engineering and Technology Education 2005

3. BOOCH, G., Rumbaugh J., Jacobson, I., "The Unified Modeling Language User Guide", Addison-Wesley, 1999.

4. DAVID J. Barnes e Michael Kolling, "Programação Orientada a Objetos com Java", Editora Prentice Hall, 2004

5. CAY S, Horstmann e Gary Cornell, "Core Java 2", Volumes 1 e 2, Editora Makron Books, 2002

6. GAMMA, E., Helm, R., Johnson, R. Vlissides, J., "Design Patterns", , Addison-Wesley, 1997

7. KOLLING, M., Rosenberg, J., "Guidelines for Teaching Object Orientation with Java", published in The Proceedings of the 6th conference on Information Technology in Computer Science Education (ITiCSE ,2002), Canterbury, 2001.

8. BLUMENSTEIN, M. "Experience in Teaching Object-Oriented Concepts to First Year Students with Diverse Backgrounds", Proceedings of the International Conference on Information Technology; Coding and Computing(ITCC'04), IEEE, 2004

9. GERBER, A., Cloete, E., "Teaching Objected-oriented Systems Development to Structurally Exposed Students", Proceeding of the 17th Conference on Software Engineering Education and Training (CSE-ET'04), IEEE, 2004

10. KOLLING, M., Quig, B., Patterson, A. Rosenbeg, J., "The BlueJ system and pedagogy", published in the Journal of Computer Science Education, Special Issue o Learning and Teaching Object Technology, Vol 13, No. 14, December 2003.

11. BLUMENSTEIN, M. "Strategies for Improving a Java-based, First Year Programming Course", Proceedings of the International Conference on Computers in Education(ICCE'02) IEEE,2002

12. AMBLER, S. ,"Object-Oriented Business Rules", Software Development Magazine, 2000, On-line de http://www.sdmagazine.com

13. AMBLER, S. ,"Object Testing Patterns", Software Development Magazine, 1999, On-line de http://www.sdmagazine.com

14. JEFFRIES, R., "RecordMap, Test First", X Programming, XP Magazine, 2002, On-line de http://www.xprogramming.com

15. JEFFRIES, R., "XP and Reliability", X Programming, XP Magazine, 2001, On-line de http://www.xprogramming.com

16. TELES, Vinícius M., "Extreme Programming", Novatec, 2004

17. LARMAN, C., "Utilizando UML e Padrões", Bookman, 2000

18. RUMBAUGH, J., Blaha, M. Premerlani, W., Eddy, F., Lorensen, W., "Object-Oriented Modeling and Design", Prentice Hall International Editions, 1991.

19. SMITH, R. ,"Defining the UML Kernel", Software Development Magazine, 2000, On-line de http://www.sdmagazine.com

Impressão e acabamento
Gráfica da Editora Ciência Moderna Ltda.
Tel: (21) 2201-6662